Die Vollständige
Instant Pot Duo Electric Pressure Cooker
Kochbuch für Anfänger

200 einfache Rezepte für schnelle und gesunde Mahlzeiten
die jeder zubereiten kann

Meffrey Dasner

© **Copyright 2022 by - Meffrey Dasner - Alle Rechte vorbehalten.**

Alle Rechte vorbehalten. Kein Teil dieser Publikation darf ohne vorherige schriftliche Genehmigung des Herausgebers in irgendeiner Form (elektronisch, mechanisch, durch Fotokopie, Aufzeichnung oder auf andere Weise) ganz oder teilweise reproduziert oder verwendet werden.

INHALT

Einführung 9

Bohnen und Hülsenfrüchte 14

    Veganer Kichererbsenaufstrich 15

    Schwarze Bohnen aus Venezuela 16

    Go Green Marinebohnensuppe 17

    Kichererbsen-Curry nach marokkanischer Art 18

    Oregano-Würstchen-Bohnen-Cassoulet 19

    Beluga-Linsen-Rührbraten mit Zucchini 20

    Brasilianische schwarze Bohnen mit geräuchertem Speck 21

    Sriracha-Kidneybohnen-Dip 22

    Chili-Schweinefleisch & Pinto-Bohnen-Cassoulet 23

    Grünes Linsencurry mit Lauch und Karotten 24

    Rosmarin-Kürbis-Pilz-Bohnen 25

    Tofu-Rührei mit schwarzen Bohnen 26

    Heiße Bohnen mit Süßkartoffeln 27

Eier & Gemüse 28

    Cheddar-Gemüse-Torte 29

    Pilz-Risotto mit Mangold 30

    Morgen-Ei-Burritos 31

    Tortilla de Patatas (Spanisches Omelett) 32

    Mediterrane Eier mit Feta-Käse 33

    Frittata mit Wurst und Speck 34

    Törtchen mit Schweizer Käse und Pilzen 35

    Brokkoli-Spargel-Eier mit Ricotta 36

    Frittata mit Grünkohl und Mozzarella 37

    Heiße Bohnen mit Süßkartoffeln 38

    Ziegenkäse-Shakshuka 39

Eier-Tortilla-Wraps mit Schinken 40

Buntes Risotto mit Gemüse 41

Reis & Körner 42

Quinoa nach südamerikanischer Art 43

Karotten-Pilz-Rindfleisch-Gerstensuppe 44

Teriyaki-Reis mit Putenfleisch 45

Leckeres Zitronen-Risotto mit Lachs 46

Schweinefleisch-Reis-Auflauf 47

Mexikanischer Reis mit Erbsen und Karotten 48

Brokkoli-Erbsen-Reis mit Knoblauchgeschmack 49

Tablett mit Rotkohl und braunem Reis 50

Lammfleisch mit Reis nach mediterraner Art 51

Estragon-Huhn mit braunem Reis 52

Arborio-Reis mit weißen Bohnen 53

Parmesan-Graupen-Risotto mit Champignons 54

Kohlrouladen mit Schweinefleisch und Buchweizen 55

Hähnchen-Rezepte 56

Quesadillas mit Huhn und Grünkohl 57

Hähnchentopf mit Pilzen und Pancetta 58

West Country Huhn mit Gemüse 59

Hühner- und Eiernudel-Topf 60

Grünkohl-Huhn-Cacciatore mit Champignons 61

Saftiges Zitronen-Knoblauch-Huhn 62

Buttrige Kapern und Hühner-Piccata 63

Traditioneller Coq Au Vin 64

Curry-Hühnchen mit Basmati-Reis 65

Hähnchen-Taco-Schüsseln 66

Zitronen-Hühnerreis mit Spargel 67

Hähnchen mit Champignons und Spinat und Rotini 68

Hähnchen-Cordon-Blau-Auflauf 69

Pute, Ente und Gans **70**

    Geschmorte Gans mit Eiernudeln 71

    Koriander-Puten-Bohnen-Auflauf 72

    Minestrone-Puten-Suppe 73

    Feiertagstruthahn mit Preiselbeersoße 74

    Puten- und Linsen-Chili 75

    Teriyaki-Puten-Fleischbällchen 76

    Fettucine Putenbolognese mit Parmesan 77

    Weißwein-Putenfleisch mit Pappardelle 78

    Putenfleischbällchen Makkaroni in roter Soße 79

    Pilz- und Entensuppe mit Reis 80

    Zarte Ente in Zitronensoße 81

    Truthahn-Tacos nach jamaikanischer Art 82

    Rote Thai-Curry-Ente 83

Schweinefleisch-Rezepte **84**

    Pulled Pork Burritos 85

    Süß-saurer Schweinefleischeintopf 86

    Hackfleisch Huevos Rancheros 87

    Schweinefleisch mit pikanter roter Soße 88

    Eintopf mit Schweinefleisch und Zuckermais 89

    Sesam-Schweinefleisch-Eierrollen-Schalen 90

    Salbeischweinefleisch mit karamellisierten Äpfeln 91

    Drei-Pfeffer-Schweinefleisch-Chili mit Tomatillos 92

    Cremiges Schweinefleisch mit Basilikum und Petersilie 93

    Schweinefleisch und Gemüsereis 94

    Thymian-Schweinefleisch mit Champignons und Schalotten 95

    Heiße Schweinekoteletts 96

    Habanero Speck & Mais Auflauf 97

Rind- und Lammfleisch-Rezepte **98**

    Chorizo Penne all' Arrabbiata & Meeresfrüchte 99

Rindfleisch mit Kraut und Paprika ... 100

Südindisches würziges Rindfleisch ... 101

Einfaches Rindfleisch & Linsen-Chili ... 102

Französische Zwiebel-Rindfleischsuppe ... 103

Leckere Rindfleisch-Käse-Quiche ... 104

Wein-Kurzrippchen in Feigen-Tomaten-Chutney ... 105

Rindfleisch-Tofu-Suppe nach koreanischer Art ... 106

Rindfleisch-Niçoise-Sandwiches ... 107

Rindfleisch-Gemüse-Topf ... 108

Geschmorte Lammhaxen ... 109

Gyros mit Rindfleisch nach griechischer Art ... 110

Die besten hausgemachten Sloppy Joes ... 111

Katalanischer Schellfisch mit Samfaina ... 112

Gedämpfte Forelle mit Tomate und Oliven ... 113

Fusilli mit Rindfleisch und Senfkörnern ... 114

Cannellini-Bohnen-Rindfleisch-Suppe ... 115

Knuspriger Schnapper in Orangen-Ingwer-Sauce ... 116

Limetten-Heilbutt & Butternusskürbis-Suppe ... 117

Selleriemuscheln mit Pancetta ... 118

Suppen und Eintöpfe ... 119

Forelle-Rettich-Eintopf ... 120

Rindergulasch mit Rotwein ... 121

Hühnersuppe mit Tortilla-Chips ... 122

Maismehl-Schweinefleisch-Suppe ... 123

Kreuzkümmel-Kartoffel-Suppe mit Erdnüssen ... 124

Rinderhackfleisch-Farfalle-Suppe ... 125

Brokkoli-Suppe mit Ingwer und Mandeln ... 126

Minestrone-Suppe köcheln lassen ... 127

Gemischte Pilzsuppe mit Tofu ... 128

Schweizer Käseeintopf mit Nudeln ... 129

Pikante Rote-Paprika-Suppe 130

Zucchini-Lauch-Suppe mit Ziegenkäse 131

Eintopf mit Wurst und roten Nieren 132

Nudeln & Beilagen **133**

Wildreis-Pilaw mit Speck und Paprika 134

Gemischte Quinoa & Reis mit Champignons 135

Gemelli mit Spargel und Zuckerschoten 136

Reichhaltige Garnele Fra Diavolo 137

Safran-Tagliatelle mit Sahnesoße 138

Cavatappi-Nudeln nach sizilianischer Art 139

Farfalle mit geräucherter Schalottenwurst 140

Kürbisnudeln mit Walnüssen 141

Spaghetti Carbonara mit Brokkoli 142

Butternusskürbis-Pasta mit Pancetta 143

Spaghetti mit Parmesan und Kräutern 144

Pikante Linguine mit Speck und Tomaten 145

Cremige Custards mit Schinken und Emmentaler 146

Brühen & Saucen **147**

Lieblings-Schwarzbohnen-Sauce 148

Weiße Basis-Sauce 149

Rinderknochenbrühe 150

Grüne Gemüsebrühe 151

Hühnerknochenbrühe 152

Chili Marinara Sauce 153

Italienische Nudelsoße 154

Basilikum-Gemüsebrühe 155

Curry-Ingwer-Brühe 156

Dijon-Pfefferkorn-Sauce 157

Ananas-Soße 158

Cremige Zucchini-Soße 159

Süß-saure Soße 160

Süßigkeiten & Desserts **161**

Französischer Aprikosen-Cobbler 162

Geschmolzener Brownie-Pudding 163

Schokoladen-Creme de Pot 164

Affenbrot mit Pekannüssen 165

Mamas Zitronenpudding 166

Original Crema Catalana 167

Landbeerenpudding 168

Morgen-Bananenpudding 169

Mascarpone-Torte mit Beeren 170

Zimtkugeln aus Weizenmehl 171

Spanische Churro-Häppchen 172

Gemischter Beerencobler 173

Apfelkuchen nach deutscher Art 174

EINFÜHRUNG

Bevor wir es ausprobiert haben, habe ich gehört, dass eine Suppe, die normalerweise in 6-8 Stunden im Slow Cooker fertig ist, im Instant Pot in 15-30 Minuten fertig ist! Verrückt, oder?

Der Instant Pot ist vollständig programmierbar, sodass Sie einfach den Timer einstellen und dann andere Aufgaben erledigen können, ohne ihn im Auge behalten zu müssen. Da es sich um einen Pressure Cooker handelt, arbeitet er wirklich viel, viel schneller als ein herkömmlicher Kochtopf. Außerdem können Sie den Timer des Instant Pot so einstellen, dass er beginnt und endet, wenn Sie das Abendessen fertig haben möchten. Ziemlich praktisch.

Meine kleinen Tipps für große Erfolge

Zu Beginn sollten Sie jedes Rezept vollständig durchgehen und alle benötigten Zutaten im Voraus vorbereiten. Messgeräte sind ein Muss in jeder Küche, um optimale Ergebnisse beim Kochen zu erzielen. Wie bei allen anderen Dingen auch, ist ein wenig Vorbereitung im Vorfeld sehr hilfreich. Das spart auf lange Sicht Zeit, das verspreche ich. Und vor allem: Viel Spaß!

Hinweis: Die am Anfang jedes Rezepts angegebene "Gesamtzeit" beinhaltet nicht die Zeit, die der Instant Pot-Pressure Cooker benötigt, um auf Temperatur zu kommen oder die Zeit, die für die automatische Freigabefunktion benötigt wird.

13 Instant Pot Tipps und Tricks

1. Reichlich Flüssigkeit verwenden

Beim Druckgaren geht es vor allem um Dampf, daher brauchen Ihre Speisen viel Feuchtigkeit, um sich zu erhitzen. Der Instant Pot eignet sich gut für Suppen und Soßen. Während des Kochens geht zwar nicht viel Feuchtigkeit verloren, aber es ist keine trockene Hitze. Mit dem Instant Pot erhalten Sie keine Kruste oder Knusprigkeit.

2. Lebensmittel kochen nach Oberfläche und nicht nach Volumen

Große Lebensmittel wie ein Braten oder eine große Kartoffel werden langsamer gegart als in kleinere Stücke geschnittene Lebensmittel. Der Dampf und der Druck müssen das Innere der einzelnen Lebensmittel erreichen. Wenn Sie also die Garzeit verkürzen möchten, schneiden Sie die Lebensmittel in kleinere Stücke.

3. Planen Sie, bevor Sie kochen

Lesen Sie sich die Rezepte unbedingt durch, bevor Sie anfangen. Für einige Rezepte wird zusätzliches Zubehör benötigt, z. B. eine Springform, verschiedene Dichtungsringe (für verschiedene Lebensmittel) oder ein Dampfgareinsatz, den Sie separat kaufen müssen. Stellen Sie den Topf auf "Versiegeln" und nicht auf "Belüften", wenn Sie Lebensmittel garen.

4. Nicht zu viel auffüllen

Denken Sie daran, dass einige Lebensmittel durch Hitze und Flüssigkeit aufquellen und sich ausdehnen können (z. B. Bohnen). Füllen Sie Ihren Instant Pot nur bis zur Fülllinie und lassen Sie genügend Platz, damit sich Reis, Bohnen, Quinoa und andere Hülsenfrüchte und Körner ausdehnen können. Bei Rezepten für den Langsamkocher sollten Sie die Flüssigkeit auf 1-2 Tassen (nicht weniger als 1) beschränken.

5. Separate Dichtungsringe verwenden

Einer der einzigen Bereiche des Instant Pot, der Geruch annimmt, sind die inneren Dichtungsringe. Sie können unterschiedliche Dichtungsringe für herzhafte Speisen (wie Curry, Knoblauch oder gewürzte Speisen) und für süße oder milde Speisen (wie Obst, Desserts und Haferflocken) verwenden. Dadurch wird verhindert, dass die Ringe Lebensmittelgerüche annehmen oder übertragen.

6. Zutaten in großen Mengen zubereiten

Der Instant Pot eignet sich besonders gut, wenn Sie viel von einer Sache zubereiten müssen, z. B. ein paar Dutzend gekochte Eier oder Hühnerbrüste. Kochen Sie Fleisch wie Hähnchen vor, indem Sie Brühe oder Wasser und ein paar Kräuter hinzufügen. Anschließend können

Sie das Fleisch zerkleinern, um es für Tacos, Aufläufe oder wie ein Brathähnchen oder Pulled Pork zu verwenden.

7. Verwenden Sie den Dämpfeinsatz zum schnelleren Garen von Speisen

Sie können schneller kochende Lebensmittel später hinzufügen (Sie müssen nur den Druck im Instant Pot ablassen, bevor Sie ihn öffnen). Verwenden Sie den Dämpfeinsatz oder eine hitzebeständige Keramik-, Metall- oder Glasschüssel. Sie können auch in Folie eingewickelte Lebensmittel hinzufügen. Wenn Sie den Instant Pot öffnen, um eine Zutat hinzuzufügen, wird diese viel schneller wieder erhitzt. Sie können den Dämpfeinsatz auch für Eier verwenden.

8. Seien Sie vorsichtig mit Milchprodukten und Käse (es sei denn, Sie machen Joghurt)

Der Instant Pot eignet sich hervorragend für die Zubereitung von Joghurt (siehe unser Rezeptlink unten), aber nicht immer für cremige Soßen und Käse. Während Nudeln schnell kochen, was ihn für Pasta-Rezepte ideal macht, kann Milch verbrühen und Käse wird glitschig und wässrig. In manchen Fällen kann die schnelle Hitze auch dazu führen, dass die Milch gerinnt. Wenn Sie ein cremiges Rezept zubereiten, sollten Sie Milchprodukte wie Milch, Sahne und Weichkäse erst nach dem Schnellkochen zugeben (rühren Sie sie am Ende unter Verwendung der Sautierfunktion ein), um ein besseres Ergebnis zu erzielen.

9. Nach dem Kochen eindicken

Da während des Garvorgangs nicht viel Flüssigkeit verloren geht, müssen Sie Soßen möglicherweise nach dem Garen mit einem Brei (mit Wasser verquirlte Maisstärke) oder einem anderen Verdickungsmittel anreichern. Geben Sie keine Verdickungsmittel wie Maisstärke oder Mehl in den Instant Pot, da sich der Verdickungsprozess nur schwer kontrollieren lässt und der Dampf beeinträchtigt werden kann. Eine andere Möglichkeit ist, einen Teil der Flüssigkeit nach dem Kochen zu entfernen und den Instant Pot auf Sautieren einzustellen. Ich habe festgestellt, dass dies bei Gerichten mit "Fleisch und Soße" gut funktioniert.

10. Zeitversetztes Garen mit dem Timer

Verzögern Sie den Start des Garvorgangs mit der Timing-Funktion, damit die Gerichte genau dann fertig sind, wenn SIE es wünschen. Mit der Timing-Funktion können Sie den Instant Pot jederzeit starten oder Speisen nach dem Kochen warmhalten. Da der Instant Pot so schnell ist, müssen Sie nicht warten, bis die Gerichte aufgetaut sind, und auch nicht so weit im Voraus planen. Die meisten Gerichte (sogar Braten) sind in weniger als einer Stunde fertig. Einige sind in 10 Minuten oder weniger fertig!

11. Beachten Sie die Deckelverschlüsse

Eine etwas knifflige Eigenschaft, die Sie beachten sollten, ist, dass der Instant Pot sich verschließt, sobald der Druck beginnt. Wenn Sie also eine Zutat vergessen haben oder

Zutaten nach und nach hinzufügen müssen, sollten Sie dem Gerät Zeit geben, den Druck zu senken und den Dampf abzulassen. Das kann zu einem Problem werden, wenn Sie plötzlich feststellen, dass Sie vergessen haben, Zwiebeln in die Suppe oder Gewürze in die Tomatensauce zu geben. Bereiten Sie alle Zutaten vor, bevor Sie mit dem Kochen beginnen.

12. Mit Essig reinigen

Wenn der äußere Teil Ihres Instant Pot ein wenig schmutzig wird, können Sie ihn ganz natürlich mit Essig reinigen oder ihn mit kochendem Wasser und Zitrone im Dampf reinigen. Wenn Sie härteres Wasser haben, wird der Essig auch alle Mineralien abbauen, die sich ablagern und den Topf beschädigen. Die meisten Teile des Topfes und des Zubehörs können Sie in der Spülmaschine reinigen.

13. Das meiste davon in der Spülmaschine waschen

Der Innentopf, der Dampfeinsatz und das Zubehör können in der Spülmaschine gereinigt werden, was die Reinigung zum Kinderspiel macht! Sie können die Teile einfach in die Spülmaschine werfen und loslegen! Der Deckel muss von Hand gewaschen werden (was nicht allzu schwierig ist, und der äußere Behälter kann nach dem Gebrauch von Hand abgewischt werden). Wenn Sie Ihren Instant Pot nach jedem Gebrauch reinigen, sieht er immer gut aus und hält sehr lange.

BOHNEN UND HÜLSENFRÜCHTE

Veganer Kichererbsenaufstrich

Gesamtzeit: 55 Minuten | **Portionen**: 4

Zutaten

1 Esslöffel Olivenöl
1 Tasse getrocknete Kichererbsen, eingeweicht
3 Tassen Wasser
1 Zwiebel, gewürfelt
Salz und schwarzer Pfeffer nach Geschmack
1 Knoblauchzehe
½ Zitrone, Saft
2 Esslöffel Tahini
¼ Teelöffel gemahlener Kreuzkümmel
Eine Prise Paprika
2 Esslöffel Petersilie, gehackt

Wegbeschreibung

Kichererbsen, Wasser, Salz, Zwiebel und Pfeffer in den inneren Topf geben. Den Deckel verschließen, Druckgaren wählen und die Zeit auf 45 Minuten auf hoher Stufe einstellen. Nach der Garzeit den Druck kurz ablassen. Den Deckel abnehmen und die Kichererbsen abtropfen lassen. Beiseite stellen.

Kichererbsen, Zitronensaft, Tahini, Olivenöl, 2 EL Wasser, Knoblauch und Kreuzkümmel in einer Küchenmaschine pürieren, bis sie glatt sind. Mit Salz abschmecken. Mit Paprika und Petersilie garnieren und servieren.

Schwarze Bohnen aus Venezuela

Gesamtzeit: 70 Minuten | **Portionen**: 4

Zutaten

2 Teelöffel Olivenöl
2 Tassen getrocknete schwarze Bohnen, eingeweicht
1 Zwiebel, gewürfelt
1 rote Paprika, gewürfelt
2 Knoblauchzehen, gehackt
1 Esslöffel Chilipulver
½ Teelöffel Worcestershire-Sauce
½ Teelöffel gemahlener Kreuzkümmel
Salz und schwarzer Pfeffer nach Geschmack
6 Tassen Hühnerbrühe
1 Limette, entsaften

Wegbeschreibung

Stellen Sie Ihren Instant Pot auf Sauté und erhitzen Sie das Olivenöl. Zwiebel, Knoblauch, Chilipulver, rote Paprika, Kreuzkümmel, Worcestershire-Sauce, Salz und Pfeffer hinzugeben und 5 Minuten kochen, bis sie weich sind. Bohnen und Brühe hinzugeben und umrühren.

Verschließen Sie den Deckel, stellen Sie den Pressure Cooker auf hohe Stufe und kochen Sie 40 Minuten lang. 15 Minuten lang auf natürliche Weise entspannen lassen. Den Deckel öffnen und den Limettensaft einrühren. Sautieren wählen und rühren, bis die Flüssigkeit um die Hälfte reduziert ist. Nachwürzen und servieren.

Go Green Marinebohnensuppe

Gesamtzeit: 40 Minuten | **Portionen**: 4

Inhaltsstoffe

3 Esslöffel Olivenöl
3 Knoblauchzehen, gehackt
1 mittelgroße gelbe Zwiebel, gewürfelt
1 Tasse gehackter Spargel
1 Tasse Marinebohnen, eingeweicht
4 Tassen Hühnerbrühe
5 sonnengetrocknete Tomaten, gewürfelt
1 Lorbeerblatt
Salz nach Geschmack
1 Tasse Babyspinat
1 Tasse Babygrünkohl
¼ Tasse geriebener Parmesankäse

Wegbeschreibung

Stellen Sie den Instant Pot auf Sauté, erhitzen Sie das Öl und braten Sie Knoblauch, Zwiebel und Spargel, bis sie weich sind (3 Minuten). Marinebohnen, Brühe, Tomaten, Lorbeerblatt und Salz hinzufügen. Schließen Sie den Deckel, wählen Sie Druckgaren auf hoher Stufe und stellen Sie die Zeit auf 20 Minuten ein.

Nach dem Kochen den Druck kurz ablassen. Das Lorbeerblatt entfernen und den Topf auf Anbraten stellen. Spinat und Grünkohl hinzufügen und 5 Minuten lang welken lassen. Mit Salz abschmecken. Bohnensuppe mit Parmesankäse bestreut servieren.

Kichererbsen-Curry nach marokkanischer Art

Gesamtzeit: 30 Minuten | **Portionen**: 4

Inhaltsstoffe

2 Tassen Kichererbsen aus der Dose, abgetropft
2 mittelgroße Karotten, gehackt
1 Staudensellerie, gehackt
4 Knoblauchzehen, gehackt
1 gelbe Zwiebel, fein gewürfelt
1 grüne Paprikaschote, gewürfelt
1 rote Paprika, gewürfelt
½ Tasse gehackte Tomaten
4 Tassen Gemüsebrühe
2 Esslöffel Ras el Hanout
½ Teelöffel Kurkumapulver
Salz und schwarzer Pfeffer nach Geschmack
2 rote Chilischoten, gehackt
2 Esslöffel gehackte Petersilie
2 Esslöffel gehackte Frühlingszwiebeln

Wegbeschreibung

Kichererbsen, Karotten, Sellerie, Knoblauch, Zwiebel, Paprika, Tomaten, Brühe, Ras el Hanout, Kurkuma, Salz, Pfeffer und rote Chilischoten in den Instant Pot geben. Den Deckel verschließen, Druckgaren auf hoher Stufe wählen und die Zeit auf 10 Minuten einstellen.

Nach dem Kochen 10 Minuten lang einen natürlichen Druckablass durchführen. Den Deckel abnehmen und die Petersilie unter das Curry rühren. Mit Salz und Pfeffer abschmecken. Curry in Schüsseln füllen und mit Frühlingszwiebeln garnieren. Kichererbsencurry mit Reis servieren.

Oregano-Würstchen-Bohnen-Cassoulet

Gesamtzeit: 55 Minuten | **Portionen:** 4

Zutaten

2 Esslöffel Olivenöl
2 Schalotten, gewürfelt
1 Pfund weiße Bohnen, eingeweicht
1 grüne Paprikaschote, gewürfelt
1 Teelöffel getrockneter Oregano
1 Lorbeerblatt
2 geräucherte Würste, in Scheiben geschnitten
1 (14-oz) Dose gewürfelte Tomaten
4 Tassen Gemüsebrühe
¼ Tasse Weißweinessig
1 Tasse Wasser
Salz nach Geschmack

Wegbeschreibung

Den Instant Pot auf Sauté stellen, das Olivenöl erhitzen und die Würstchen 5 Minuten lang braten; beiseite stellen. Paprika und Schalotten hinzugeben und 4 Minuten lang kochen, bis sie weich sind. Brühe, Tomaten, Oregano, Bohnen, Wasser und Lorbeerblatt hinzugeben. Die Würstchen zurückgeben und umrühren. Den Deckel verschließen, Pressure Cooker auf hohe Stufe stellen und die Zeit auf 30 Minuten einstellen.

Nach dem Garen 10 Minuten lang den Druck auf natürliche Weise ablassen, dann den Druck schnell ablassen, um den restlichen Dampf abzulassen. Das Lorbeerblatt entfernen und entsorgen. Abschmecken und die Gewürze anpassen; mit dem Essig beträufeln und servieren.

Beluga-Linsen-Rührbraten mit Zucchini

Gesamtzeit: 15 Minuten | **Portionen**: 4

Zutaten

2 Tassen Beluga-Linsen aus der Dose, abgetropft
2 Esslöffel Olivenöl
2 große Zucchinis, in Stücke geschnitten
4 Knoblauchzehen, gehackt
½ Esslöffel getrockneter Oregano
½ Esslöffel Currypulver
Salz und schwarzer Pfeffer nach Geschmack
¼ Tasse gehackte Petersilie
½ Tasse gehacktes Basilikum
1 kleine rote Zwiebel, gewürfelt
2 Esslöffel Balsamico-Essig
1 Teelöffel Dijon-Senf

Wegbeschreibung

Stellen Sie den Instant Pot auf Sauté, erhitzen Sie das Öl und braten Sie die Zucchini unter Rühren an, bis sie weich sind. Knoblauch untermischen und 30 Sekunden lang braten, bis er duftet. Oregano, Curry, Salz und Pfeffer hinzugeben. Die Aromen 1 Minute lang unter häufigem Rühren miteinander verbinden.

Linsen hineingeben, 3 Minuten kochen und Petersilie, Basilikum und Zwiebel einrühren. Sautieren, bis die Zwiebel weich wird, 5 Minuten. In der Zwischenzeit in einer Schüssel Essig mit Senf verrühren und die Mischung über die Linsen gießen. Servieren und genießen!

Brasilianische schwarze Bohnen mit geräuchertem Speck

Gesamtzeit: 60 Minuten | **Portionen**: 4

Inhaltsstoffe

4 getrocknete Guajillo-Chilis, eingeweicht, Flüssigkeit zurückbehalten
4 Unzen geräucherter Speck, gekocht und zerbröckelt
¼ Tasse Avocadoöl
1 Pfund getrocknete schwarze Bohnen, eingeweicht
1 gelbe Zwiebel, gewürfelt
5 Knoblauchzehen
1 ½ Teelöffel gemahlener Kreuzkümmel
½ Teelöffel getrockneter Oregano
1 Lorbeerblatt
3 Tassen Tomaten, gewürfelt
5 Tassen Gemüsebrühe
1 Paprika, gewürfelt

Wegbeschreibung

Die Stiele der Guajillo-Chilis abschneiden und entkernen. Zusammen mit dem Knoblauch und der Zwiebel in einen Mixer geben und fein zerkleinern. Alle Gewürze in einer Schüssel mischen. Stellen Sie Ihren Instant Pot auf Sauté und erhitzen Sie das Avocadoöl. Die Chili-Mischung hineingeben und 5 Minuten lang anbraten, dabei häufig umrühren. Die Gewürze hinzugeben und 30 Sekunden lang kochen, bis alles gut vermischt ist.

Die reservierte Chiliflüssigkeit, Bohnen, Tomaten, Brühe und Paprika dazugeben und umrühren. Den Deckel verschließen, Bohnen/Chili auf höchster Stufe wählen und die Kochzeit auf 30 Minuten einstellen. Nach dem Garen 10 Minuten lang den Druck auf natürliche Weise ablassen, dann den Druck schnell ablassen. Den Deckel öffnen und das Lorbeerblatt entsorgen. Den Speck einrühren. Sofort servieren.

Sriracha-Kidneybohnen-Dip

Gesamtzeit: 45 Minuten | **Portionen**: 4

Inhaltsstoffe

1 Esslöffel Kokosnussöl
1 Tasse getrocknete Kidneybohnen, über Nacht eingeweicht und abgespült
1 rote Zwiebel, fein gehackt
4 Knoblauchzehen, gehackt
Salz und schwarzer Pfeffer nach Geschmack
2 Esslöffel Tomatenmark
1 Esslöffel Currypaste
4 Tassen Gemüsebrühe
1 Esslöffel Sriracha-Sauce
1 Zitrone, entsaftet
1 Teelöffel Honig

Wegbeschreibung

Den Instant Pot auf Sauté stellen, das Kokosöl erhitzen und die Zwiebel und den Knoblauch unter Rühren anbraten, bis sie weich sind (3 Minuten). Mit Salz und Pfeffer würzen. Tomaten- und Currypaste hinzufügen und unter häufigem Rühren 2 Minuten kochen. Kidneybohnen, Brühe und Sriracha-Sauce einrühren. Den Deckel verschließen, Druckgaren auf hoher Stufe wählen und die Zeit auf 30 Minuten einstellen. Schnell den Druck ablassen.

Zitronensaft und Honig untermischen und die Zutaten mit einem Stabmixer pürieren, bis sie ganz glatt sind. Den Bohnendip in kleine Auflaufförmchen füllen und mit geschnittenem Gemüse servieren.

Chili-Schweinefleisch & Pinto-Bohnen-Cassoulet

Gesamtzeit: 25 Minuten | **Portionen**: 4

Inhaltsstoffe

2 Esslöffel Olivenöl
1 Pfund Schweinebraten, gewürfelt
Salz und schwarzer Pfeffer nach Geschmack
1 Tasse getrocknete Pinto-Bohnen, über Nacht eingeweicht und abgespült
3 Tassen Hühnerbrühe
1 kleine rote Zwiebel, gewürfelt
1 Tasse Tomatensauce
2 grüne Chilis, gewürfelt
1 Teelöffel Knoblauchpulver
1 Teelöffel Chilipulver
¼ Tasse gehackte Petersilie

Wegbeschreibung

Den Instant Pot auf Sauté stellen, das Olivenöl erhitzen, das Schweinefleisch mit Salz und Pfeffer würzen und 4 Minuten lang anbraten. Bohnen, Brühe, rote Zwiebeln, Tomatensauce, grüne Chilis, Knoblauchpulver und Chili hinzufügen. Den Deckel schließen, Schnellkochen wählen und die Zeit auf 10 Minuten einstellen. Nach dem Garen den Druck schnell ablassen. Öffnen Sie den Deckel. Petersilie unterrühren und den Geschmack zum Servieren anpassen.

Grünes Linsencurry mit Lauch und Karotten

Gesamtzeit: 35 Minuten | **Portionen**: 4

Inhaltsstoffe

2 Esslöffel Kokosnussöl
1 Tasse getrocknete grüne Linsen, abgespült
1 große Karotte, fein gehackt
1 Lauch, gehackt
1 mittelgroße Zwiebel, gewürfelt
2 Knoblauchzehen
2 Teelöffel Kurkumapulver
1 Tasse gehackte Tomaten
½ Tasse Kokosnussmilch
2 ½ Tassen Gemüsebrühe
Salz und schwarzer Pfeffer nach Geschmack
2 Esslöffel gehackter Koriander

Wegbeschreibung

Den Instant Pot auf Sauté stellen, Kokosöl erhitzen und Karotten, Lauch, Knoblauch, Kurkuma und Zwiebel unter Rühren anbraten, bis sie weich sind (5 Minuten). Tomaten untermischen und 3 Minuten lang kochen. Kokosmilch, Brühe und Linsen hinzugeben und mit Salz und Pfeffer würzen.

Verschließen Sie den Deckel, wählen Sie Druckgaren auf hoher Stufe, und stellen Sie die Zeit auf 10 Minuten ein. Nach dem Kochen 10 Minuten lang einen natürlichen Druckablass durchführen. Mit Koriander garnieren und servieren.

Rosmarin-Kürbis-Pilz-Bohnen

Gesamtzeit: 30 Minuten | **Portionen**: 2

Inhaltsstoffe

1 Pfund weiße Champignons, geviertelt
1 Esslöffel Olivenöl
1 mittelgroße weiße Zwiebel, gewürfelt
½ Pfund Butternusskürbis, gewürfelt
¼ Teelöffel getrockneter Rosmarin
1 Tasse gehackte Tomaten
3 Tassen Hühnerbrühe
2 Tassen Babyspinat
1 (15 oz) Dose Marinebohnen, abgespült
1 Zitrone, entsaftet
Salz und schwarzer Pfeffer nach Geschmack

Wegbeschreibung

Den Instant Pot auf Sauté stellen, das Olivenöl erhitzen und die Zwiebel, die Pilze und den Kürbis anbraten, bis sie weich sind (6 Minuten). Mit Salz, Pfeffer und Rosmarin bestreuen und 1 Minute weiterbraten. Tomate und Brühe unterrühren. Den Deckel verschließen.

Wählen Sie Druckgaren auf hoher Stufe, und stellen Sie die Zeit auf 3 Minuten ein. Nach dem Kochen 10 Minuten lang einen natürlichen Druckablass durchführen. Auf Anbraten drücken, Spinat und Bohnen hinzufügen und den Spinat 3 Minuten lang anbraten. Mit Zitronensaft beträufeln und servieren.

Tofu-Rührei mit schwarzen Bohnen

Gesamtzeit: 30 Minuten | **Portionen**: 2

Inhaltsstoffe

1 (14 oz) extra-fester Tofu, zerkrümelt
1 Esslöffel Ghee
1 Tasse schwarze Bohnen aus der Dose
2 Tassen Gemüsebrühe
1 rote Zwiebel, fein gehackt
3 Knoblauchzehen, gehackt
3 Tomaten, gewürfelt
1 Teelöffel geräucherter Paprika
1 Teelöffel Kurkumapulver
1 Teelöffel Kreuzkümmelpulver
Salz und schwarzer Pfeffer nach Geschmack

Wegbeschreibung

Bohnen und Brühe in den Instant Pot geben. Verschließen Sie den Deckel, wählen Sie Druckgaren auf hoher Stufe und stellen Sie die Zeit auf 10 Minuten ein. Nach dem Garen kurz loslassen. Geben Sie die Bohnen in eine mittelgroße Schüssel. Gießen Sie die überschüssige Flüssigkeit ab und wischen Sie den Topf sauber.

Sautieren wählen und auf mittlere Hitze einstellen. Ghee im Topf schmelzen und Zwiebel, Knoblauch und Tomaten 4 Minuten lang anbraten, bis sie weich sind. Tofu in die Pfanne bröseln und 5 Minuten kochen. Mit Paprika, Kurkuma, Kreuzkümmel, Salz und schwarzem Pfeffer würzen. 1 Minute kochen lassen. Schwarze Bohnen hinzugeben, umrühren und 3 Minuten erhitzen lassen. Anrichten und genießen!

Heiße Bohnen mit Süßkartoffeln

Gesamtzeit: 65 Minuten | **Portionen:** 4

Inhaltsstoffe

2 Esslöffel Olivenöl
8 Unzen getrocknete Kidneybohnen
3 ½ Tassen Gemüsebrühe
1 Zwiebel, geviertelt
1 Knoblauchzehe, gehackt
2 Teelöffel Chilipulver
Salz nach Geschmack
¼ Teelöffel Cayennepfeffer
4 Süßkartoffeln, geschrubbt
½ Tasse Crème fraîche
3 Frühlingszwiebeln, gewürfelt

Wegbeschreibung

Stellen Sie Ihren Instant Pot auf Sauté und erhitzen Sie das Olivenöl. Zwiebel und Knoblauch 3 Minuten lang kochen, bis sie weich sind. Chili, Cayennepfeffer und Salz einrühren. Bohnen und 3 Tassen Brühe einrühren. Den Deckel verschließen, Druckgaren auf hoher Stufe wählen und auf 15 Minuten einstellen.

Wenn die Kartoffeln gar sind, 10 Minuten lang abkühlen lassen und den Deckel abnehmen. Einen hohen Untersetzer einlegen und die Kartoffeln auf dem Untersetzer anordnen. Verriegeln Sie den Deckel wieder; wählen Sie Druckgaren auf hoher Stufe und stellen Sie die Kochzeit auf 10 Minuten ein. Wenn die Kartoffeln gar sind, lassen Sie sie 8 Minuten lang auf natürliche Weise abkühlen. Die Kartoffeln herausnehmen und ein paar Minuten abkühlen lassen. Zum Servieren in die Mitte jeder Kartoffel ein Loch machen und die Bohnenmischung einfüllen; mit Crème fraîche und Frühlingszwiebeln garnieren.

EIER & GEMÜSE

Cheddar-Gemüse-Torte

Gesamtzeit: 20 Minuten | **Portionen**: 4

Inhaltsstoffe

2 Tassen Brokkoli, gerieben
1 Zwiebel, gewürfelt
3 Zucchini, gerieben und abgetropft
6 große Möhren, gerieben
5 Eier, verquirlt
Salz und schwarzer Pfeffer nach Geschmack
½ Tasse Panko-Brotkrumen
½ Tasse glattes Mehl
½ Teelöffel Backpulver
½ Tasse geriebener Cheddar-Käse

Wegbeschreibung

1 Tasse Wasser einfüllen und in einen Untersetzer legen. Eine Springform leicht mit Kochspray einfetten und beiseite stellen. In einer Schüssel Brokkoli, Zwiebel, Zucchini, Karotten, Eier, Salz, Pfeffer, Pankobrösel, Mehl, Backpulver und Cheddar-Käse mischen. Die Gemüsemischung in die Form geben, mit Folie abdecken und auf den Untersetzer stellen.

Verschließen Sie den Deckel, wählen Sie Manuell/Druckgaren auf Hoch und stellen Sie die Zeit auf 10 Minuten ein. Nach dem Kochen den Druck kurz ablassen. Nehmen Sie die Pfanne vorsichtig heraus, entfernen Sie die Folie und lassen Sie den Kuchen abkühlen. Lösen Sie die Pfanne, schneiden Sie den Kuchen in Scheiben und servieren Sie ihn. Guten Appetit!

Pilz-Risotto mit Mangold

Gesamtzeit: 30 Minuten | **Portionen**: 4

Inhaltsstoffe

3 Esslöffel Olivenöl
1 Bund Mangold, kleingeschnitten
1 Tasse Kurzkornreis
½ Tasse Weißwein
2 Tassen Gemüsebrühe
Salz nach Geschmack
½ Tasse Champignons, in Scheiben geschnitten
½ Tasse karamellisierte Zwiebeln
½ Tasse geriebener Pecorino Romano

Wegbeschreibung

Erhitzen Sie das Olivenöl in Ihrem Instant Pot auf Sauté. Pilze 5 Minuten lang unter Rühren anbraten. Mangold hinzufügen und 2 Minuten lang kochen, bis er verwelkt ist. Mit einem Löffel in eine Schüssel geben und beiseite stellen. Den Reis etwa 1 Minute lang unterrühren. Den Weißwein hinzufügen und unter gelegentlichem Rühren 2 bis 3 Minuten kochen, bis der Wein verdampft ist. Brühe und Salz hinzugeben und umrühren.

Verschließen Sie den Deckel, wählen Sie Manuell/Druckgaren auf Hoch und stellen Sie die Zeit auf 8 Minuten ein. Wenn Sie fertig sind, lassen Sie den Druck kurz ab und öffnen Sie den Deckel. Die Pilzmischung und die karamellisierten Zwiebeln einrühren und 1 Minute auf Sauté kochen. Den Pecorino-Käse unter den Reis mischen, bis er geschmolzen ist, und servieren.

Morgen-Ei-Burritos

Gesamtzeit: 30 Minuten | **Portionen**: 2

Inhaltsstoffe

¾ Tasse geriebener Monterey Jack Käse
4 Eier
½ Tasse Schlagsahne
½ Teelöffel Knoblauchpulver
Salz und schwarzer Pfeffer nach Geschmack
1 rote Paprika, gewürfelt
1 gelbe Zwiebel, gewürfelt
2 Esslöffel gehackter Schnittlauch
¾ Tasse gehackter Putenschinken
1 Tasse Wasser
2 Vollweizentortillas

Wegbeschreibung

In einer Schüssel die Eier mit Sahne, Knoblauch, Salz und Pfeffer verquirlen. Paprika, Zwiebel, Schnittlauch und Schinken untermischen. Die Mischung in eine große Auflaufform geben und mit Alufolie abdecken. Wasser in den Topf gießen, einen Untersetzer einlegen und die Auflaufform darauf stellen. Den Deckel verschließen, Schnellkochstufe wählen und auf 10 Minuten einstellen.

Nach dem Kochen 10 Minuten lang auf natürliche Weise abkühlen lassen. Den Deckel öffnen, die Auflaufform herausnehmen und die Eier umrühren, bis sie in kleine Stücke zerfallen. Tortilla-Wraps auf eine saubere, flache Unterlage legen, Eier darauf verteilen und mit Käse bestreuen. Die Wraps aufrollen und in Hälften schneiden. Servieren.

Tortilla de Patatas (Spanisches Omelett)

Gesamtzeit: 35 Minuten | **Portionen**: 2

Inhaltsstoffe

4 oz gefrorene Hash Browns, aufgetaut
1 Esslöffel Butter, geschmolzen
6 große Eier
Salz und schwarzer Pfeffer nach Geschmack
1 Teelöffel Tomatenmark
¼ Tasse Milch
¼ Tasse gewürfelte gelbe Zwiebel
1 Knoblauchzehe, gehackt
4 Unzen geriebener Cheddar-Käse

Wegbeschreibung

Eine Auflaufform mit Butter einfetten und den Boden mit Rösti auslegen. In einer Schüssel Eier, Salz und Pfeffer schaumig rühren. In einer anderen Schüssel das Tomatenmark mit der Milch glatt rühren und zusammen mit der Zwiebel und dem Knoblauch unter die Eier mischen. Die Mischung über den Rösti gießen. 1 Tasse Wasser in den inneren Topf geben, einen Untersetzer einsetzen und eine Auflaufform darauf stellen.

Verschließen Sie den Deckel, wählen Sie Druckgaren auf hoher Stufe und stellen Sie 15 Minuten ein. Nach dem Garen 10 Minuten lang ein natürliches Ablassen zulassen. Den Deckel öffnen und die Auflaufform herausnehmen. Mit Cheddar-Käse bestreuen und die Auflaufform wieder auf den Untersetzer stellen. Mit dem Deckel abdecken, ohne ihn zu schließen, damit der Käse etwa eine Minute lang schmilzt. Sobald er geschmolzen ist, in Scheiben schneiden und servieren.

Mediterrane Eier mit Feta-Käse

Gesamtzeit: 20 Minuten | **Portionen**: 4

Inhaltsstoffe

3 Esslöffel Butter
1 kleine rote Zwiebel, gewürfelt
½ rote Paprikaschote, gewürfelt
2 Knoblauchzehen, gehackt
Salz und schwarzer Pfeffer nach Geschmack
28 Unzen gewürfelte Tomaten in Dosen
½ Teelöffel Koriander, gemahlen
½ Teelöffel geräucherter Paprika
½ Teelöffel rote Chiliflocken
4 Eier
¼ Tasse zerbröckelter Feta-Käse
2 Esslöffel frischer Dill, gehackt

Wegbeschreibung

Stellen Sie Ihren Instant Pot auf Sauté, schmelzen Sie die Butter und braten Sie Zwiebel, Paprika und Knoblauch an. Mit Salz würzen und 2 Minuten lang kochen, bis das Gemüse duftet und beginnt, weich zu werden. Tomaten, Koriander, Paprika, Chiliflocken, Pfeffer und 1 Tasse Wasser einrühren. Verschließen Sie den Deckel, wählen Sie Schnellkochen auf hoher Stufe und stellen Sie die Kochzeit auf 4 Minuten ein.

Wenn Sie fertig sind, lassen Sie den Druck kurz ab. Die Eier vorsichtig an verschiedenen Stellen in die Tomatensauce schlagen. Auf Sauté stellen und kochen, bis die Eier fest sind, 4-5 Minuten; nicht umrühren. Mit Feta-Käse und Dill bestreuen. Auf einer Platte anrichten und servieren.

Frittata mit Wurst und Speck

Gesamtzeit: 40 Minuten | **Portionen**: 4

Inhaltsstoffe

4 Scheiben Speck, gewürfelt
¼ Tasse gehackte Schweinewürste
1 große gelbe Zwiebel, gewürfelt
1 rote Paprika, gewürfelt
¼ Tasse gehackter Spinat
8 Eier, verquirlt
¾ Tasse Milch
Salz und schwarzer Pfeffer nach Geschmack

Wegbeschreibung

Den Topf auf Sauté stellen und den Speck und die Würstchen 5 Minuten knusprig und braun braten; beiseite stellen. Zwiebel und Paprika im Speckfett anbraten, bis sie weich sind, 5 Minuten. Spinat hinzufügen und 2 Minuten lang anbraten. Auf die Speckplatte legen.

Den Innentopf säubern, 1 Tasse Wasser hineingießen und einen Untersetzer hineinstellen. In einer Schüssel die Eier mit der Milch verrühren und mit Salz und Pfeffer würzen. Eine Kuchenform mit Kochspray einfetten und die Eier hineingeben. Speck, Würstchen und Gemüsemischung darüber geben und mit Salz und schwarzem Pfeffer bestreuen. Pfanne mit Folie abdecken und auf den Untersetzer stellen.

Verschließen Sie den Deckel, wählen Sie Druckgaren auf hoher Stufe und stellen Sie 15 Minuten ein. Wenn Sie fertig sind, lassen Sie den Deckel kurz los und öffnen ihn. Kuchenform und Alufolie entfernen und die Oberseite der Eier 2 Minuten lang unter dem Grill bräunen. Frittata auf einen Teller geben, in Scheiben schneiden und servieren.

Törtchen mit Schweizer Käse und Pilzen

Gesamtzeit: 40 Minuten | **Portionen**: 4

Inhaltsstoffe

2 Esslöffel geschmolzene Butter, geteilt
1 kleine weiße Zwiebel, in Scheiben geschnitten
5 oz Austernpilze, in Scheiben geschnitten
Salz und schwarzer Pfeffer nach Geschmack
¼ Tasse trockener Weißwein
1 Blatt Blätterteig, aufgetaut
1 Tasse zerkleinerter Schweizer Käse
1 Esslöffel geschnittene grüne Zwiebeln

Wegbeschreibung

Auf Sauté 1 EL Butter, Zwiebel und Pilze hinzufügen und 5 Minuten lang sautieren, bis das Gemüse weich ist. Mit Salz und Pfeffer würzen, mit dem Weißwein ablöschen und ca. 2 Minuten kochen, bis er verdampft ist; beiseite stellen. Den Teig auswickeln und in 4 Quadrate schneiden. Den Teig mit einer Gabel einstechen und beide Seiten mit der restlichen Butter bestreichen. Die Hälfte des Schweizer Käses auf die Blätterteigquadrate verteilen. Die Pilzmischung ebenfalls auf den Teigquadraten verteilen und mit dem restlichen Käse belegen. In eine Backform legen.

Gießen Sie 1 Tasse Wasser in den Topf und legen Sie einen Untersetzer hinein. Legen Sie die Pfanne auf den Untersetzer. Verschließen Sie den Deckel, wählen Sie Druckgaren auf hoher Stufe und stellen Sie die Zeit auf 20 Minuten ein. Lassen Sie die Tarte nach dem Garen auf natürliche Weise abkühlen. Die Tarte aus dem Topf nehmen und auf einen Teller geben. Mit den Frühlingszwiebeln garnieren und servieren.

Brokkoli-Spargel-Eier mit Ricotta

Gesamtzeit: 15 Minuten | **Portionen**: 2

Inhaltsstoffe

½ Tasse fein gehackter Brokkoli
½ Tasse gehackter Spargel
½ Tasse fein gehackter Spinat
½ Teelöffel Zwiebelpulver
½ Teelöffel Knoblauchpulver
4 große, geschlagene Eier
¼ Tasse zerbröckelter Ricotta-Käse
1 Esslöffel gehackte Frühlingszwiebeln
Salz und schwarzer Pfeffer nach Geschmack

Wegbeschreibung

Eine Auflaufform mit Kochspray einfetten. Die Zutaten wie folgt schichten: Brokkoli, Spargel und Spinat. Mit Zwiebel- und Knoblauchpulver bestreuen und ein Loch in die Mitte des Gemüses drücken. Die Eier darüber gießen und mit Ricotta-Käse bedecken. Mit Salz und Pfeffer würzen. 1 Tasse Wasser in den inneren Topf gießen, einen Untersetzer einsetzen und die Auflaufform darauf stellen.

Verschließen Sie den Deckel, wählen Sie Druckgaren auf Hoch und stellen Sie 5 Minuten ein. Nach dem Kochen den Druck kurz ablassen, um den Dampf abzulassen und den Deckel zu öffnen. Vorsichtig aus der Auflaufform nehmen und die Eier mit den Frühlingszwiebeln bestreut servieren.

Frittata mit Grünkohl und Mozzarella

Gesamtzeit: 30 Minuten | **Portionen:** 4

Inhaltsstoffe

2 Esslöffel Olivenöl
2 Tassen Grünkohl
1 Zwiebel, gewürfelt
2 Knoblauchzehen, gehackt
8 große Eier
2 Tassen geriebener Mozzarella-Käse
2 Tomaten, gewürfelt
¼ Tasse Milch
Salz und schwarzer Pfeffer nach Geschmack

Wegbeschreibung

Eine Auflaufform mit Alufolie auslegen und mit Kochspray einfetten. Den Instant Pot auf Sauté stellen und das Olivenöl erhitzen. Zwiebel, Grünkohl und Knoblauch 3 Minuten lang kochen, bis die Zwiebel glasig und der Grünkohl weich ist; in eine Schüssel geben. Rühren Sie die Eier, 1 Tasse Käse, Tomaten, Milch, Salz und Pfeffer unter. Mischen, bis alles gut vermischt ist.

Die Eimischung in die Auflaufform geben und mit Alufolie abdecken. 1 Tasse Wasser in den Topf geben und einen Untersetzer einbauen. Die Schale auflegen, den Deckel schließen, Druckgaren auf Hoch einstellen und auf 5 Minuten einstellen. Nach dem Kochen 10 Minuten lang auf natürliche Weise abkühlen lassen und den Deckel abnehmen. Den restlichen Käse darüber streuen, in Scheiben schneiden und servieren.

Heiße Bohnen mit Süßkartoffeln

Gesamtzeit: 1 Stunde | **Portionen:** 4

Inhaltsstoffe

2 Esslöffel Olivenöl
8 Unzen getrocknete Kidneybohnen
3 Tassen Gemüsebrühe
1 Zwiebel, geviertelt
1 Knoblauchzehe, gehackt
2 Teelöffel Chilipulver
Salz nach Geschmack
¼ Teelöffel Cayennepfeffer
4 Süßkartoffeln, geschrubbt
½ Tasse Crème fraîche
3 Frühlingszwiebeln, gewürfelt

Wegbeschreibung

Stellen Sie Ihren Instant Pot auf Sauté und erhitzen Sie das Olivenöl. Zwiebel und Knoblauch 3 Minuten lang kochen, bis sie weich sind. Chili, Cayennepfeffer und Salz einrühren. Bohnen und 3 Tassen Brühe einrühren. Den Deckel verschließen, Druckgaren auf hoher Stufe wählen und auf 15 Minuten einstellen. Nach der Garzeit 10 Minuten lang abkühlen lassen und dann den Deckel öffnen. Einen hohen Untersetzer einlegen und die Kartoffeln auf den Untersetzer legen. Verriegeln Sie den Deckel wieder, wählen Sie Manuell/Druckgaren auf hoher Stufe und stellen Sie die Garzeit auf 10 Minuten ein.

Wenn sie gar sind, 8 Minuten lang auf natürliche Weise abkühlen lassen. Die Kartoffeln herausnehmen und ein paar Minuten abkühlen lassen. Zum Servieren in die Mitte jeder Kartoffel ein Loch stechen und die Bohnenmischung einfüllen; mit Crème fraîche und Frühlingszwiebeln garnieren.

Ziegenkäse-Shakshuka

Gesamtzeit: 15 Minuten | **Portionen**: 2

Zutaten

1 Tasse Tomatenpassata
¼ Teelöffel Korianderpulver
½ Teelöffel geräucherter Paprika
¼ Teelöffel Kreuzkümmelpulver
¼ Teelöffel rote Paprikaflocken
1 Knoblauchzehe, gehackt
Salz und schwarzer Pfeffer nach Geschmack
4 Eier
2 Esslöffel zerkrümelter Ziegenkäse

Wegbeschreibung

Eine große Backform mit Kochspray einfetten; beiseite stellen. In einer Schüssel Passata, Koriander, Paprika, Kreuzkümmel, rote Paprikaflocken, Knoblauch, Salz und schwarzen Pfeffer mischen. Die Mischung in der Backform verteilen und mit der Rückseite eines Löffels 4 Taschen formen.

Die Eier aufschlagen, den Ziegenkäse darüber streuen und mit Salz und Pfeffer würzen. 2 Tassen Wasser in den inneren Topf gießen, einen Untersetzer einlegen und die Auflaufform darauf setzen. Verschließen Sie den Deckel, wählen Sie Druckgaren auf hoher Stufe und stellen Sie 2 Minuten ein. Nach dem Kochen den Druck kurz ablassen. Warm servieren.

Eier-Tortilla-Wraps mit Schinken

Gesamtzeit: 30 Minuten | **Portionen:** 5

Zutaten

½ Tasse gewürfelter Schinken
1 ¼ Tassen gefrorene Röstis
3 große, geschlagene Eier
2 Esslöffel Milch
3 Esslöffel Crème fraîche
¼ Tasse Cheddar-Käse
Salz und schwarzer Pfeffer nach Geschmack
5 Mehltortillas
2 Esslöffel Koriander, gehackt

Wegbeschreibung

Gießen Sie 1 Tasse Wasser in den Instant Pot und setzen Sie einen Untersetzer ein. Die Rösti in eine gefettete Auflaufform geben und mit Schinken belegen. Eier, Milch, Crème fraîche, Cheddar, Salz und Pfeffer in einer Schüssel verrühren und die Mischung über den Rösti gießen; fest mit Folie abdecken. Den Deckel verschließen, die Einstellung Manuell/Druckgaren auf Hoch wählen und die Zeit auf 10 Minuten einstellen. Nach der Zubereitung 10 Minuten lang auf natürliche Weise abkühlen lassen. Die Alufolie entfernen und die Mischung umrühren. Tortillas einige Sekunden in der Mikrowelle erwärmen. Die Eimischung auf die Tortillas verteilen, mit Koriander bestreuen und zum Servieren aufrollen.

Buntes Risotto mit Gemüse

Gesamtzeit: 30 Minuten | **Portionen**: 4

Inhaltsstoffe

4 gemischte Paprikaschoten, schräg in Stücke geschnitten
2 Esslöffel Ghee, aufgeteilt
2 Esslöffel Butter
1 Knoblauchzehe, gehackt
2 Tassen Gemüsebrühe
¼ Tasse Zitronensaft
1 Teelöffel geriebene Zitronenschale
1 Tasse Carnaroli-Reis
Salz und schwarzer Pfeffer nach Geschmack
1 Tasse geriebener Parmesankäse

Wegbeschreibung

Das Ghee auf Sauté schmelzen und den Knoblauch ca. 1 Minute lang anbraten, bis er duftet. Brühe, Zitronensaft und -schale, Salz und Reis einrühren. Den Deckel verschließen, Pressure Cooker auf Hoch stellen und die Zeit auf 7 Minuten einstellen. In einer Schüssel die Paprikaschoten mit dem restlichen Ghee, Salz und Pfeffer vermengen. Wenn sie fertig sind, 10 Minuten lang auf natürliche Weise abkühlen lassen. Die Butter unter den Reis rühren, bis sie geschmolzen ist. Die Paprikaschoten auf dem Reis anrichten und 5 Minuten lang auf Sauté kochen. Mit Parmesankäse bestreut servieren.

REIS & KÖRNER

Quinoa nach südamerikanischer Art

Gesamtzeit: 55 Minuten | **Portionen**: 4

Inhaltsstoffe

1 Tasse getrocknete schwarze Bohnen, eingeweicht
4 Tassen Gemüsebrühe
3 Süßkartoffeln, geschält, gewürfelt
1 Tasse weiße Quinoa, abgespült
1 Tasse Maiskörner, aufgetaut
½ Teelöffel getrockneter Thymian
1 Teelöffel Kreuzkümmelpulver
1 Teelöffel Korianderpulver
1 Teelöffel Cayennepfeffer
1 Teelöffel Knoblauchpulver
Salz und schwarzer Pfeffer nach Geschmack
½ Tasse gehackte Frühlingszwiebeln

Wegbeschreibung

Bohnen und Brühe in den Instant Pot geben. Verschließen Sie den Deckel, wählen Sie Druckgaren auf hoher Stufe und kochen Sie 30 Minuten lang. Nach dem Kochen den Druck kurz ablassen. Kartoffeln und Quinoa untermischen. Verschließen Sie den Deckel wieder und kochen Sie weitere 10 Minuten auf Schnellkochstufe.

Wenn sie fertig sind, lassen Sie den Druck kurz ab. Sauté wählen. Die restlichen Zutaten einrühren und 5 Minuten lang kochen. Mit Frühlingszwiebeln garnieren und warm servieren.

Karotten-Pilz-Rindfleisch-Gerstensuppe

Gesamtzeit: 45 Minuten | **Portionen**: 4

Inhaltsstoffe

1 Tasse Cremini-Pilze, geviertelt
2 Esslöffel Olivenöl
1 Pfund Stewing Beef, gewürfelt
Salz und schwarzer Pfeffer nach Geschmack
3 Stangen Staudensellerie, gewürfelt
2 Möhren, gehackt
1 gelbe Zwiebel, gewürfelt
2 Knoblauchzehen, gehackt
2 Teelöffel italienisches Gewürz
1 Tasse Perlgraupen
½ Tasse gewürfelte Tomaten
4 Tassen Rinderbrühe
2 Esslöffel gehackte Petersilie
1 Lorbeerblatt

Wegbeschreibung

Stellen Sie Ihren Instant Pot auf Sauté. Erhitzen Sie das Öl. Rindfleisch mit Salz und Pfeffer würzen und 4 Minuten anbraten. Sellerie, Karotten, Zwiebel, Knoblauch, Champignons und italienische Gewürze hinzufügen und 4 Minuten anbraten, bis sie weich sind. Gerste, Tomaten, Lorbeerblatt und Brühe einrühren. Den Deckel verschließen, den Pressure Cooker auf hohe Stufe stellen und 20 Minuten kochen lassen. Nach dem Garen 10 Minuten lang auf natürliche Weise ablassen. Den Deckel öffnen, das Lorbeerblatt entsorgen und die Petersilie unterrühren. Die Suppe zum Servieren in Schüsseln füllen.

Teriyaki-Reis mit Putenfleisch

Gesamtzeit: 40 Minuten | **Portionen**: 4

Zutaten

1 Esslöffel Olivenöl
1 Esslöffel Sesamöl
1 lb Putenbrust, gewürfelt
Salz und schwarzer Pfeffer nach Geschmack
1 rote Paprika, gewürfelt
1 rote Zwiebel, fein gehackt
1 Knoblauchzehe, gehackt
1 Tasse Jasminreis, abgespült
1 Tasse Hühnerbrühe
¾ Tasse Teriyaki-Sauce
1 Tasse frische Zuckerschoten
1 Esslöffel Sesamsamen

Wegbeschreibung

Stellen Sie Ihren Instant Pot auf Sauté und erhitzen Sie das Olivenöl. Truthahn mit Salz und Pfeffer würzen und in 7 Minuten goldbraun braten. Beiseite stellen. Sesamöl in den Topf geben und Paprika und Zwiebel anbraten, bis sie weich sind, 4 Minuten. Knoblauch einrühren und 30 Sekunden lang duftend kochen. Den Reis 1 Minute lang unterrühren, dann die Brühe, die Teriyaki-Sauce und die Putenwürfel einrühren.

Verschließen Sie den Deckel, wählen Sie Schnellkochen auf Hoch und stellen Sie die Kochzeit auf 5 Minuten ein. 10 Minuten lang zugedeckt stehen lassen und dann den Druck schnell ablassen, damit der gesamte Dampf entweicht. Öffnen Sie den Deckel und drücken Sie Sauté. Zuckerschoten untermischen und 5 Minuten kochen, bis sie weich sind. Den Reis in Servierschalen anrichten und mit Sesam garnieren.

Leckeres Zitronen-Risotto mit Lachs

Gesamtzeit: 35 Minuten | **Portionen**: 4

Inhaltsstoffe

2 Esslöffel Olivenöl
3 Esslöffel Butter
4 Lachsfilets
Salz und schwarzer Pfeffer nach Geschmack
2 Knoblauchzehen, gehackt
1 weiße Zwiebel, fein gehackt
1 Tasse Arborio-Reis
½ Tasse Weißwein
1 Esslöffel ausgepresster Zitronensaft
2 Tassen Gemüsebrühe
2 Esslöffel gehackte Petersilie
2 Zitronen, in Spalten geschnitten

Wegbeschreibung

Stellen Sie Ihren Instant Pot auf Sauté und erhitzen Sie das Olivenöl. Den Lachs mit Salz und schwarzem Pfeffer würzen und mit der Hautseite nach unten anbraten, bis er sich gut anfühlt. Auf einen Teller geben und beiseite stellen. Knoblauch und Zwiebel in das Öl geben und unter Rühren 3 Minuten lang anbraten. Reis einrühren, bis er glasig ist (1 Minute). Mit Wein ablöschen und um zwei Drittel einkochen lassen. Zitronensaft und Brühe hinzugeben. Den Deckel verschließen, Druckkochen wählen und die Zeit auf 10 Minuten einstellen. Nach dem Kochen 10 Minuten lang einen natürlichen Druckablass durchführen. Den Deckel öffnen, Butter hinzufügen und kräftig rühren, bis das Risotto klebrig ist. Mit Salz und Pfeffer abschmecken. Auf Teller verteilen, mit gebratenem Lachs belegen und mit Petersilie und Zitronenspalten garnieren. Servieren und genießen!

Schweinefleisch-Reis-Auflauf

Gesamtzeit: 35 Minuten | **Portionen**: 4

Inhaltsstoffe

½ Tasse gehackte orangefarbene Paprikaschoten
2 Esslöffel Olivenöl
1 Pfund Schweinefilet, gewürfelt
Salz und schwarzer Pfeffer nach Geschmack
½ Tasse gehackte braune Zwiebel
1 Teelöffel geräucherter Paprika
1 Tasse Basmati-Reis
1 ¾ Tassen Hühnerbrühe

Wegbeschreibung

Den Instant Pot auf Sauté stellen, 1 EL Olivenöl erhitzen und das Schweinefleisch auf beiden Seiten 6 Minuten anbraten. Auf einen Teller geben und beiseite stellen. Das restliche Olivenöl erhitzen und Zwiebel und Paprika anbraten, bis sie weich sind. Mit Salz, Pfeffer und Paprikapulver würzen und 1 Minute lang kochen, um die Aromen freizusetzen. Reis und Schweinefleisch einrühren, 1 Minute kochen und mit Hühnerbrühe ablöschen.

Verschließen Sie den Deckel, wählen Sie Druckgaren und stellen Sie den Timer auf 5 Minuten. Nach dem Kochen 10 Minuten lang einen natürlichen Druckablass und dann einen schnellen Druckablass durchführen. Den Deckel öffnen und den Reis mit einer Gabel auflockern. Servieren und genießen!

Mexikanischer Reis mit Erbsen und Karotten

Gesamtzeit: 35 Minuten | **Portionen:** 6

Inhaltsstoffe

2 Esslöffel Olivenöl
3 Babymöhren, gehackt
2 große Stangen Staudensellerie, gewürfelt
1 kleine gelbe Zwiebel, gewürfelt
2 Tassen heißes Wasser
2 Tassen weißer Reis
2 Tomaten, geschält, gewürfelt
Salz nach Geschmack
1 Serrano-Pfeffer, gehackt
1 Tasse geriebener Monterey Jack
¼ Tasse gehackter Koriander
1 Tasse grüne Erbsen

Wegbeschreibung

Sauté einstellen und das Öl erhitzen. Zwiebel, Karotten, Serrano-Pfeffer und Sellerie 5 Minuten lang dünsten. Wasser, Reis, Tomaten und Salz hinzugeben und umrühren. Den Deckel verschließen, den Pressure Cooker auf hohe Stufe stellen und 10 Minuten lang kochen. Danach 10 Minuten lang einen natürlichen Druckablass durchführen. Den Reis auflockern, den Käse und die Erbsen hinzufügen, umrühren und mit Koriander bestreuen.

Brokkoli-Erbsen-Reis mit Knoblauchgeschmack

Gesamtzeit: 40 Minuten | **Portionen**: 4

Inhaltsstoffe

2 Esslöffel Olivenöl
1 gelbe Zwiebel, gewürfelt
1 Kopf Brokkoli, in Röschen geschnitten
2 Knoblauchzehen, gehackt
Salz und schwarzer Pfeffer nach Geschmack
1 Teelöffel getrockneter Oregano
¼ Tasse Weißwein
1 ½ Tassen Hühnerbrühe
1 Tasse Kurzkornreis
½ Tasse gefrorene Erbsen, aufgetaut
¼ Tasse gehackte Petersilie

Wegbeschreibung

Den Instant Pot auf Sauté stellen, das Olivenöl erhitzen und die Zwiebel und den Knoblauch unter Rühren anbraten, bis sie weich sind (5 Minuten). Mit Salz und schwarzem Pfeffer würzen. Oregano und Weißwein hinzugeben.

Kochen, bis der Wein um ein Drittel reduziert ist. Hühnerbrühe, Brokkoli und Reis einrühren. Den Deckel verschließen, den Druckkochtopf auf hohe Stufe stellen und die Kochzeit auf 8 Minuten einstellen.

10 Minuten lang zugedeckt stehen lassen und dann schnell den Druck ablassen, um den restlichen Dampf abzulassen.

Sauté wählen und Erbsen untermischen; 3 bis 5 Minuten kochen, bis sie durchgewärmt sind. Mit Petersilie garnieren und warm servieren.

Tablett mit Rotkohl und braunem Reis

Gesamtzeit: 30 Minuten | **Portionen**: 4

Inhaltsstoffe

1 Tasse brauner Reis
1 ¼ Tassen Wasser
Salz und schwarzer Pfeffer nach Geschmack
½ Tasse zerkleinerter Rotkohl
½ Tasse geschredderte Möhren
1 rote Paprika, gewürfelt
1 Esslöffel Tamarindensauce
1 Esslöffel Erdnussbutter
½ Zitrone, Saft
1 Teelöffel Honig
½ Teelöffel geriebener Ingwer
1 Knoblauchzehe, gehackt
¼ Teelöffel rote Chiliflocken
2 Esslöffel gehackter Koriander

Wegbeschreibung

Reis, Wasser und Salz in den inneren Topf geben. Den Deckel schließen, Schnellkochen wählen und den Timer auf 22 Minuten einstellen. Den Druck kurz ablassen und den Deckel öffnen. Den Reis auflockern und in eine Schüssel geben, Kohl, Karotten und Paprika untermischen.

Tamarindensauce, Erdnussbutter, Zitronensaft, Honig, Ingwer, Knoblauch und Chiliflocken in einer Schüssel vermengen. Das Dressing über die Reismischung gießen, mit Salz und schwarzem Pfeffer abschmecken und auf einem Serviertablett verteilen. Mit Koriander garnieren und servieren.

Lammfleisch mit Reis nach mediterraner Art

Gesamtzeit: 30 Minuten | **Portionen**: 4

Zutaten

1 Esslöffel Butter
¼ Tasse gemischte Zwiebel
2 Teelöffel frische Ingwerpaste
2 Teelöffel frische Knoblauchpaste
1 Pfund Lammhackfleisch
Salz und schwarzer Pfeffer nach Geschmack
1 Tasse Basmati-Reis, gespült
¼ Tasse gehackte Tomaten
¼ Tasse grüne Erbsen
1 Tasse Wasser
¼ Tasse Vollmilch
1 Esslöffel gehackter Koriander

Wegbeschreibung

Stellen Sie Ihren Instant Pot auf Sauté und schmelzen Sie die Butter. Zwiebel, Ingwer und Knoblauchpaste 2 Minuten lang anbraten. Das Lammfleisch einrühren, mit Salz und Pfeffer würzen und 6 Minuten kochen, bis es nicht mehr rosa ist. Reis, Tomaten und grüne Erbsen einrühren und 3 Minuten kochen lassen. Wasser und Milch hinzugeben und umrühren. Den Deckel verschließen, Druckgaren wählen und die Garzeit auf 5 Minuten einstellen. Nach dem Kochen 10 Minuten lang einen natürlichen Druckablass durchführen. Den Reis puffen und auf einem Teller anrichten; mit Koriander garniert servieren.

Estragon-Huhn mit braunem Reis

Gesamtzeit: 50 Minuten + Kühlzeit | **Portionen**: 4

Zutaten

1 Esslöffel Kokosnussöl
1 Tasse brauner Reis
2 Tassen Wasser
1 Pfund gemahlenes Hühnerfleisch
Salz und schwarzer Pfeffer nach Geschmack
½ Tasse gefrorenes gemischtes Gemüse
2 Esslöffel Sojasauce
2 Eier, verquirlt
1 Esslöffel gehackter Estragon

Wegbeschreibung

Reis und Wasser in den inneren Topf geben. Den Deckel schließen, Manuell/Druckgaren wählen und den Timer auf 22 Minuten einstellen. 10 Minuten ruhen lassen, dann den Druck schnell ablassen.

Den Deckel entriegeln. Den Reis auflockern und in eine mittelgroße Schüssel löffeln. Beiseite stellen, bis er 1 bis 2 Stunden oder über Nacht vollständig abgekühlt ist. Den Herd auf Sauté stellen und Kokosöl erhitzen.

Hähnchenfleisch hinzufügen, mit Salz und Pfeffer würzen und 6 Minuten kochen, bis es nicht mehr rosa ist. Reis und Gemüse unterrühren und 3 Minuten lang kochen, bis sie gar sind. Sojasauce einrühren und in der Mitte des Reises ein Loch formen. Eier hineingeben und verrühren, bis sie stocken. Unter den Reis und den Estragon mischen. Servieren und genießen!

Arborio-Reis mit weißen Bohnen

Gesamtzeit: 25 Minuten | **Portionen**: 4

Inhaltsstoffe

1 (15 oz) weiße Bohnen in Dosen, abgetropft und abgespült
2 Esslöffel Olivenöl
2 Esslöffel Butter
1 gelbe Zwiebel, gewürfelt
3 Knoblauchzehen, gehackt
¼ Teelöffel frische Thymianblätter
2 Tassen Hühnerbrühe
½ Tasse Pinot Grigio (Weißwein)
1 Tasse Arborio-Reis
½ Tasse geriebener Parmesankäse
Salz und schwarzer Pfeffer nach Geschmack

Wegbeschreibung

Erhitzen Sie das Olivenöl in Ihrem Instant Pot auf Sauté. Zwiebel, Knoblauch und Thymianblätter unter Rühren anbraten, bis sie duften (2 Minuten). Hühnerbrühe, Weißwein und Arborio-Reis hinzugeben. Den Deckel verschließen, Schnellkochen wählen und den Timer auf 10 Minuten einstellen.

Nach Beendigung des Garvorgangs den Druck 10 Minuten lang auf natürliche Weise ablassen, dann den Druck schnell ablassen, um den restlichen Dampf abzulassen. Öffnen Sie den Deckel. Butter, Parmesankäse, Salz und schwarzen Pfeffer in den Topf geben. Den Reis umrühren, bis er klebrig ist und der Käse schmilzt. Weiße Bohnen unterheben und im Sauté-Modus 3 Minuten durchwärmen. Risotto auf einem Teller anrichten und servieren.

Parmesan-Graupen-Risotto mit Champignons

Gesamtzeit: 40 Minuten | **Portionen**: 4

Zutaten

¼ Tasse geriebener Parmesankäse + extra zum Garnieren
3 Esslöffel Butter, aufgeteilt
1 rote Zwiebel, fein gehackt
2 Knoblauchzehen, in dünne Scheiben geschnitten
½ lb Bella-Pilze, in Scheiben geschnitten
2 Teelöffel frische Thymianblätter
Salz und schwarzer Pfeffer nach Geschmack
1 Tasse Perlgraupen
½ Tasse trockener Weißwein
2 ½ Tassen Rinderbrühe, heiß

Wegbeschreibung

Auf Sauté 2 EL Butter schmelzen und die rote Zwiebel und den Knoblauch 5 Minuten lang anbraten, bis sie weich sind. Champignons, Salz und Pfeffer hinzugeben. Kochen, bis die Pilze weich sind, 4 Minuten. Gerste und die restliche Butter einrühren. Wein einrühren, bis er absorbiert ist, 4 Minuten. Die Brühe angießen, den Deckel verschließen, den Pressure Cooker auf hohe Stufe stellen und die Kochzeit auf 7 Minuten einstellen.

Nach dem Kochen 10 Minuten lang einen natürlichen Druckablass durchführen. Parmesan zum Schmelzen einrühren, mit Salz und schwarzem Pfeffer abschmecken und das Risotto in Servierschalen füllen. Mit Parmesankäse und Thymian garnieren. Warm servieren.

Kohlrouladen mit Schweinefleisch und Buchweizen

Gesamtzeit: 65 Minuten | **Portionen**: 4

Inhaltsstoffe

1 Kopf Wirsingkohl, Blätter abgetrennt (Reste aufbewahren)
2 Esslöffel Butter
½ süße Zwiebel, fein gehackt
2 Knoblauchzehen, gehackt
1 Pfund Schweinehackfleisch
Salz und schwarzer Pfeffer nach Geschmack
1 Tasse Buchweizengrütze
2 Tassen Rinderbrühe
2 Esslöffel gehackter Koriander
1 (23 Unzen) gewürfelte Tomaten in Dosen

Wegbeschreibung

Den Instant Pot auf Sauté stellen, Butter schmelzen und Zwiebel und Knoblauch anbraten, bis sie leicht weich sind, 4 Minuten. Schweinefleisch einrühren, mit Salz und Pfeffer würzen und kochen, bis es nicht mehr rosa ist, 5 Minuten. Buchweizen und Rinderbrühe einrühren. Den Deckel verschließen, Druckgaren auf höchster Stufe wählen und die Zeit auf 6 Minuten einstellen. Nach dem Kochen den Druck kurz ablassen.

Koriander hinzufügen und die Buchweizenmischung gut umrühren. Große Kohlblätter auf einer sauberen, flachen Oberfläche ausbreiten und 3-4 Esslöffel der Mischung in die Mitte jedes Blattes geben; einrollen. Den Topf säubern und die Kohlreste darin verteilen. Die Tomaten mit der Flüssigkeit hineingießen und die Kohlrouladen darauf anrichten. Den Deckel verschließen, Druckgaren auf niedrig und die Zeit auf 25 Minuten einstellen. 10 Minuten lang einen natürlichen Druckablass durchführen. Die Kohlrouladen auf Servierteller geben. Guten Appetit!

HÄHNCHEN-REZEPTE

Quesadillas mit Huhn und Grünkohl

Gesamtzeit: 15 Minuten | **Portionen**: 4

Inhaltsstoffe

¼ Tasse geriebener Pecorino Romano-Käse
¼ Tasse Butter
1 Esslöffel Olivenöl
2 Tassen Baby-Grünkohl, zerkleinert
1 Jalapeño-Pfeffer, gehackt
1 Zwiebel, gewürfelt
3 Unzen Hüttenkäse
2 Teelöffel mexikanische Gewürzmischung
1 Tasse zerkleinertes gekochtes Huhn
6 Unzen geschredderter Cheddar-Käse
4 mittelgroße Mehltortillas

Wegbeschreibung

Auf Sauté 1 EL Butter schmelzen und Grünkohl, Jalapeño-Paprika und Zwiebel unter gelegentlichem Rühren 3-4 Minuten braten, bis das Gemüse weich ist. Den Hüttenkäse zum Schmelzen bringen und die mexikanischen Gewürze und das Hähnchenfleisch hinzufügen. Umrühren, bis alles gut vermischt ist. Die Füllung in eine große Schüssel geben und den Cheddarkäse unterrühren. Beiseite stellen.

Eine Tortilla auf eine saubere, flache Unterlage legen. Die Oberseite mit Olivenöl bepinseln und 1 Teelöffel Schafskäse darüber streuen. Den Käse mit der Handfläche andrücken, damit er festklebt. Etwa 1/3 Tasse der Füllung auf der Hälfte der Tortilla verteilen. Die andere Hälfte über die Füllung klappen und leicht andrücken. Wiederholen Sie den Vorgang mit den restlichen Tortillas. Mit Guacamole servieren.

Hähnchentopf mit Pilzen und Pancetta

Gesamtzeit: 40 Minuten | **Portionen:** 4

Zutaten

1 Pfund Hähnchenschenkel mit Knochen und ohne Haut
1 (10-oz) Dose kondensierte Champignoncremesuppe
2 Lauchstangen, nur der weiße Teil, gehackt
4 Esslöffel Olivenöl
2 Scheiben Pancetta, gewürfelt
¼ Tasse Mehl
Salz und schwarzer Pfeffer nach Geschmack
1 Tasse Champignons, in Scheiben geschnitten
2 Knoblauchzehen, gehackt
1 Tasse Hühnerbrühe
1 Tasse Tomatensauce

Wegbeschreibung

Die Schenkel mit Salz und Pfeffer einreiben und mit der Hälfte des Olivenöls bestreichen. In Mehl wälzen, bis sie gleichmäßig bedeckt sind. Das restliche Öl im Instant Pot auf Sauté erhitzen und das Hähnchen 6 Minuten lang anbraten. Pancetta, Champignons, Lauch und Knoblauch hinzugeben. 5 Minuten lang kochen. Brühe und Tomatensauce einrühren. Den Deckel verschließen und 15 Minuten lang auf Schnellkochen stellen.

Nach dem Garen 10 Minuten lang einen natürlichen Druckablass durchführen, dann einen schnellen Druckablass, um den restlichen Dampf abzulassen. Entriegeln Sie den Deckel. Sauté wählen. Geben Sie die Pilzcremesuppe hinzu und kochen Sie sie 3 Minuten lang. Servieren.

West Country Huhn mit Gemüse

Gesamtzeit: 35 Minuten | **Portionen**: 4

Inhaltsstoffe

½ Pfund Baby-Rostkartoffeln, geviertelt
2 Esslöffel Olivenöl
1 Pfund Hähnchenschenkel
Salz und schwarzer Pfeffer nach Geschmack
½ lb Spargel, Stangen entfernt
2 große Möhren, gehackt
½ lb Radieschen, halbiert
2 Tassen Hühnerbrühe
2 Esslöffel geräucherter Paprika
1 Teelöffel Knoblauchpulver
1 Teelöffel Zwiebelpulver
3 frische Rosmarinzweige

Wegbeschreibung

Stellen Sie Ihren Instant Pot auf Sauté. Olivenöl erhitzen, Hähnchen mit Salz und Pfeffer würzen und von beiden Seiten goldbraun anbraten, 6 Minuten; beiseite stellen. Spargel und Karotten im Topf 1 Minute lang anschwitzen. Kartoffeln, Radieschen, Brühe, Paprikapulver, Knoblauchpulver, Zwiebelpulver, Rosmarin und Hähnchen zugeben. Den Deckel schließen, Schnellkochen wählen und die Zeit auf 4 Minuten einstellen.

Nach dem Kochen 10 Minuten lang einen natürlichen Druckablass durchführen. Den Deckel abnehmen, die Rosmarinzweige entsorgen, umrühren und den Geschmack anpassen. Hähnchen und Gemüse auf Servierteller geben; beiseite stellen. Wählen Sie Sauté und kochen Sie die restliche Sauce, bis sie reduziert und verdickt ist, 2 Minuten. Sauce über Huhn und Gemüse träufeln und warm servieren.

Hühner- und Eiernudel-Topf

Gesamtzeit: 20 Minuten | **Portionen**: 4

Inhaltsstoffe

2 Esslöffel Butter
1 Pfund Hähnchenbruststreifen
Salz und schwarzer Pfeffer nach Geschmack
1 kleine Zwiebel, gewürfelt
1 Knoblauchzehe, gehackt
16 oz Beutel gemischtes Gemüse
12 oz gefrorene Eiernudeln
6 Tassen Hühnerbrühe
1 Teelöffel Hühnergewürz
½ Teelöffel getrockneter Thymian
1 Esslöffel Speisestärke
1 Teelöffel getrocknete Petersilie

Wegbeschreibung

Stellen Sie Ihren Instant Pot auf Sauté. Die Butter schmelzen, das Hähnchen mit Salz und Pfeffer würzen und 4 Minuten goldgelb anbraten. Zwiebel und Knoblauch hinzugeben und 3 Minuten kochen, bis sie weich sind. Gemischtes Gemüse hinzugeben, Nudeln, Brühe, Gewürze und Thymian darüber geben und umrühren. Den Deckel verschließen, Pressure Cooker auf hohe Stufe stellen und die Zeit auf 3 Minuten einstellen.

Nach dem Kochen den Druck kurz ablassen und den Deckel öffnen. Speisestärke einrühren, Sauté wählen und die Sauce 1 Minute lang andicken lassen. Mit Salz und Pfeffer abschmecken. In Schüsseln füllen, mit Petersilie garnieren und servieren.

Grünkohl-Huhn-Cacciatore mit Champignons

Gesamtzeit: 40 Minuten | **Portionen**: 4

Zutaten

2 Esslöffel Olivenöl
4 Hühnerbrüste
Salz und schwarzer Pfeffer nach Geschmack
1 weiße Zwiebel, gewürfelt
1 Tasse in Scheiben geschnittene Champignons
¼ Teelöffel Ingwerpaste
½ Tasse kurzkörniger Reis
15 oz Dose gewürfelte Tomaten
1 Tasse Hühnerbrühe
1 Esslöffel italienisches Gewürz
¼ Tasse geriebener Parmesankäse
2 Tassen Grünkohl, gedünstet

Wegbeschreibung

Den Topf auf Sauté stellen, das Olivenöl erhitzen, das Hähnchen mit Salz und Pfeffer würzen und im Öl von beiden Seiten goldbraun anbraten, 4 Minuten. Auf einen Teller legen. Zwiebel und Pilze in das Öl geben und 4 Minuten lang braten, bis sie weich sind. Ingwer hinzugeben und 1 Minute lang den Duft entfalten lassen. Reis, Tomaten, Brühe und italienische Gewürze einrühren. Den Geschmack anpassen und das Hähnchen wieder in den Topf geben. Den Deckel verschließen, Druckgaren auf hoher Stufe wählen und die Zeit auf 10 Minuten einstellen. Nach dem Garen 10 Minuten lang auf natürliche Weise ablassen. Cacciatore auf einem Bett aus gedämpftem Grünkohl anrichten. Mit Parmesan garnieren und servieren.

Saftiges Zitronen-Knoblauch-Huhn

Gesamtzeit: 30 Minuten | **Portionen**: 4

Zutaten

2 Esslöffel Olivenöl
3 Esslöffel Butter
4 Hühnerbrüste
1 weiße Zwiebel, fein gehackt
2 Knoblauchzehen, gehackt
1 Tasse Milch
½ Tasse Hühnerbrühe
½ Zitrone, Saft
1 Zitrone, in Scheiben geschnitten
2 Esslöffel gehackte Petersilie

Wegbeschreibung

Den Instant Pot auf Sauté stellen, Olivenöl erhitzen und das Hähnchen von beiden Seiten goldbraun anbraten, 4 Minuten; beiseite stellen. Butter im Topf schmelzen und Zwiebel und Knoblauch 3 Minuten lang anbraten, bis sie weich sind. Milch und Brühe einrühren und das Hähnchen in die Soße geben. Den Deckel verschließen, Schnellkochstufe wählen und die Zeit auf 4 Minuten einstellen.

10 Minuten lang auf natürliche Weise abkühlen lassen. Den Deckel öffnen, den Zitronensaft einrühren, die Zitronenscheiben hineinstecken und 2 Minuten auf Sauté köcheln lassen. Hähnchen mit Sauce in Schalen anrichten, mit Petersilie garnieren und mit Kartoffelpüree servieren.

Buttrige Kapern und Hühner-Piccata

Gesamtzeit: 25 Minuten | **Portionen**: 4

Zutaten

1 ½ Esslöffel Allzweckmehl + ½ Tasse zum Dippen
3 Esslöffel Butter, erweicht
2 Esslöffel Olivenöl
4 Hühnerbrüste
Salz und schwarzer Pfeffer nach Geschmack
¼ Tasse trockener Weißwein
1 Tasse Hühnerbrühe
2 Zitronen, entsaftet
¼ Tasse abgetropfte Kapern
¼ Tasse gehackter Koriander

Wegbeschreibung

Das Hähnchen zwischen zwei Plastikfolien legen und mit einem Fleischklopfer leicht klopfen, bis es etwa einen halben Zentimeter dick ist. Die Plastikfolie abnehmen und mit Salz und Pfeffer würzen. In einer Schüssel 1 Esslöffel Butter mit 1 ½ Esslöffel Mehl glatt rühren. Das restliche Mehl auf einen Teller schütten. Den Instant Pot auf Sauté stellen und das Olivenöl erhitzen.

Hähnchen in Mehl tauchen und 8 Minuten goldbraun braten; beiseite stellen. Wein, Hühnerbrühe und Zitronensaft in den inneren Topf gießen, aufkochen lassen und die Buttermischung einrühren. Kapern, restliche Butter und Koriander einrühren und kochen, bis die Soße eindickt (2 Minuten). Den Geschmack anpassen. Das Hähnchen auf einen Teller geben und die Sauce darüber verteilen. Warm mit Kartoffelpüree servieren.

Traditioneller Coq Au Vin

Gesamtzeit: 45 Minuten | **Portionen**: 4

Zutaten

1 Esslöffel Olivenöl
4 Hähnchenschenkelviertel, mit Haut
4 Serrano-Schinken, in Drittel geschnitten
1 Zwiebel, in Scheiben geschnitten
1 ¼ Tassen trockener Rotwein
½ Tasse Hühnerbrühe
1 ½ Teelöffel Tomatenpüree
½ Teelöffel brauner Zucker
½ Tasse Champignons
¾ Tasse Schalotten, in Scheiben geschnitten

Wegbeschreibung

Stellen Sie Ihren Instant Pot auf Sauté. Erhitzen Sie das Olivenöl. Den Schinken in einer einzigen Schicht 4 Minuten lang anbraten; auf einen Teller legen. Das Hähnchenfleisch hinzugeben und 5 Minuten braten, bis die Haut goldbraun ist; beiseite stellen. Zwiebel, Champignons und Schalotten unterrühren und 4 Minuten kochen, bis die Zwiebel zu bräunen beginnt. Mit ½ Tasse Wein ablöschen und den Boden von den gebräunten Teilen abkratzen. Die Mischung 2 Minuten lang kochen lassen, bis der Wein um 1/3 reduziert ist. Den restlichen Wein, die Brühe, das Tomatenpüree und den Zucker hinzugeben und 1 Minute lang kochen lassen. Das Hähnchen mit der Hautseite nach oben hineingeben, den Deckel verschließen, Druckgaren auf Hoch einstellen und die Zeit auf 12 Minuten einstellen. Nach dem Garen auf natürliche Weise abkühlen lassen. Auf einen Teller geben und den Schinken darüber bröckeln.

Curry-Hühnchen mit Basmati-Reis

Gesamtzeit: 40 Minuten | **Portionen**: 4

Inhaltsstoffe

2 Esslöffel Olivenöl
4 Hähnchenschenkel
Salz und schwarzer Pfeffer nach Geschmack
2 mittelgroße Karotten, in Juliennestücke geschnitten
1 rote Paprika, in dünne Scheiben geschnitten
2 Esslöffel rote Currypaste
1 Knoblauchzehe, gehackt
1 Teelöffel Ingwerpaste
1 Tasse Basmati-Reis
1 ½ Tassen Hühnerbrühe
1 Tasse Kokosnussmilch
1 Limette, in Spalten geschnitten

Wegbeschreibung

Den Instant Pot auf Sauté stellen, das Olivenöl erhitzen, das Hähnchen mit Salz und Pfeffer würzen und von beiden Seiten goldbraun anbraten, 6 Minuten; beiseite stellen. Karotten und Paprika in das Öl geben und 4 Minuten braten, bis sie weich sind. Currypaste, Knoblauch und Ingwer einrühren und 1 Minute lang anbraten. Reis, Brühe und Kokosmilch hinzugeben und alles gut umrühren. Das Hähnchen darauf anrichten. Den Deckel verschließen, Schnellkochstufe wählen und die Zeit auf 10 Minuten einstellen. Nach dem Garen 10 Minuten lang auf natürliche Weise ablassen. Den Deckel öffnen, den Reis auflockern und den Geschmack anpassen. Mit Limettenspalten garnieren und servieren.

Hähnchen-Taco-Schüsseln

Gesamtzeit: 35 Minuten | **Portionen**: 4

Inhaltsstoffe

2 Esslöffel Olivenöl
4 Hühnerbrüste, gewürfelt
1 Esslöffel Taco-Gewürz
1 ½ Tassen Salsa
½ Tasse Maiskörner
1 (15 Unzen) Dose schwarze Bohnen
1 ¼ Tassen Basmati-Reis, gespült
2 ½ Tassen Hühnerbrühe
Salz und schwarzer Pfeffer nach Geschmack
½ Tasse geriebener Cheddar-Käse
2 Frühlingszwiebeln, gewürfelt
½ Tasse gehackter Koriander
1 Avocado, entkernt und in Stücke geschnitten
1 Becher saure Sahne

Wegbeschreibung

Den Instant Pot auf Sauté stellen, Olivenöl erhitzen, die Hühnerbrüste mit Taco-Gewürz würzen und 5 Minuten anbraten. Salsa, Maiskörner, schwarze Bohnen, Reis und Brühe untermischen und mit Salz und Pfeffer würzen. Den Deckel verschließen, Pressure Cooker auf hohe Stufe stellen und die Zeit auf 8 Minuten einstellen. 10 Minuten lang zugedeckt stehen lassen und dann den Druck schnell ablassen. Mit Cheddar-Käse, Frühlingszwiebeln, Koriander, Avocado und saurer Sahne garnieren und servieren.

Zitronen-Hühnerreis mit Spargel

Gesamtzeit: 40 Minuten | **Portionen**: 4

Zutaten

1 Esslöffel Olivenöl
4 Hühnerbrüste
1 Teelöffel Knoblauchsalz
½ Tasse Zwiebel, fein gewürfelt
2 Knoblauchzehen, gehackt
1 Tasse Jasminreis
1 Zitrone, geschält und entsaften
2 ¼ Tassen Hühnerbrühe
1 Tasse Spargel, kleingeschnitten
1 Esslöffel Petersilie zum Garnieren
Schwarzer Pfeffer nach Geschmack
Zitronenscheiben zum Garnieren

Wegbeschreibung

Den Instant Pot auf Sauté stellen, das Olivenöl erhitzen, das Hähnchen mit Knoblauch, Salz und Pfeffer würzen und anbraten, bis es goldbraun ist (6 Minuten); beiseite stellen. Zwiebel und Knoblauch in den Topf geben und 3 Minuten kochen, bis sie weich sind.

Reis einrühren und 3 Minuten kochen, bis er glasig ist. Zitronenschale, Zitronensaft, Brühe, Spargel, Salz und Pfeffer hinzufügen und das Hähnchen darauf legen. Den Deckel verschließen, Schnellkochstufe wählen und die Zeit auf 5 Minuten einstellen. Nach dem Garen 15 Minuten lang auf natürliche Weise ablassen. Den Deckel abnehmen, den Reis auflockern und auf einen Teller geben. Zum Servieren mit Petersilie und Zitronenscheiben garnieren.

Hähnchen mit Champignons und Spinat und Rotini

Gesamtzeit: 30 Minuten | **Portionen**: 4

Zutaten

2 Esslöffel Butter
4 Hühnerbrüste, gewürfelt
Salz und schwarzer Pfeffer nach Geschmack
1 kleine gelbe Zwiebel, gewürfelt
2 Tassen geschnittene weiße Champignons
1 Knoblauchzehe, gehackt
1 Pfund Rotini-Nudeln
6 Tassen Hühnerbrühe
1 Teelöffel gehackter Oregano
4 Tassen gehackter Babyspinat
½ Tasse zerbröckelter Ziegenkäse

Wegbeschreibung

Instant Pot auf Sauté stellen, Butter schmelzen, Hähnchen mit Salz und Pfeffer würzen und 4 Minuten goldbraun anbraten; beiseite stellen. Zwiebel, Knoblauch und Pilze hinzufügen und 4 Minuten lang kochen, bis sie weich sind.

Hähnchen wieder in den Topf geben, Rotini, Hühnerbrühe und Oregano einrühren. Den Deckel verschließen, Schnellkochstufe wählen und die Zeit auf 3 Minuten einstellen.

Nach dem Garen 10 Minuten lang einen natürlichen Druckablass durchführen. Sauté wählen und den Deckel öffnen. Den Spinat einrühren, etwas welken lassen und den Ziegenkäse untermischen, bis er gut eingearbeitet ist. Mit Salz und schwarzem Pfeffer abschmecken und warm servieren.

Hähnchen-Cordon-Blau-Auflauf

Gesamtzeit: 25 Minuten | **Portionen**: 4

Inhaltsstoffe

2 Esslöffel ungesalzene Butter, geschmolzen
10 Unzen Rotini-Nudeln
5 Tassen Hühnerbrühe
4 Hühnerbrüste, in Streifen geschnitten
1 Pfund Schinken, gewürfelt
1 Esslöffel Dijon-Senf
1 Teelöffel Knoblauchpulver
Salz und schwarzer Pfeffer nach Geschmack
¼ Tasse geschredderter Gouda-Käse
¼ Tasse geriebener Parmesan
½ Tasse Schlagsahne
1 Tasse zerkleinerte Schweineschwarten

Wegbeschreibung

Geben Sie die Rotini, die Brühe und den Senf in Ihren Instant Pot. Hähnchen und Schinken darauf anrichten. Mit Knoblauchpulver, Salz und Pfeffer bestreuen. Schließen Sie den Deckel, wählen Sie Druckgaren auf hoher Stufe und stellen Sie die Zeit auf 10 Minuten ein. Nach dem Kochen den Druck schnell ablassen. Öffnen Sie den Deckel. Käse und Sahne einrühren. Auf Sauté kochen, bis der Käse schmilzt (5 Minuten). Cordon Bleu auf Servierteller verteilen. In einer Schüssel die Butter mit den Schweineschwarten vermischen und über das Cordon Bleu gießen. Servieren.

PUTE, ENTE UND GANS

Geschmorte Gans mit Eiernudeln

Gesamtzeit: 25 Minuten + Marinierzeit | **Portionen**: 4

Inhaltsstoffe

2 Teelöffel Olivenöl
¼ Tasse Butter, gewürfelt
¼ Tasse Kokosnuss-Aminos
2 Teelöffel Limettensaft
1 Teelöffel Knoblauchpulver
1 Teelöffel Worcestershire-Sauce
½ lb Gänsebrust, gewürfelt
1 Tasse Allzweckmehl
4 Tassen Hühnerbrühe
1 Packung Zwiebelsuppenmischung
8 oz Eiernudeln

Wegbeschreibung

In einer Schüssel Kokosnuss-Aminos, Olivenöl, Limettensaft, Knoblauchpulver und Worcestershire-Sauce vermischen.

Die Gans hinzufügen, durchschwenken und 30 Minuten marinieren lassen. Den Instant Pot auf Sauté stellen und die Butter schmelzen. Die Gans aus der Marinade nehmen (die Marinade wegwerfen). Die Zwiebelsuppenmischung einrühren und in der Butter von beiden Seiten 8 Minuten anbraten.

Die Brühe und die Eiernudeln hineingeben. Den Deckel schließen, Schnellkochen wählen und die Kochzeit auf 7 Minuten einstellen. Kurz abkühlen lassen. Servieren und genießen!

Koriander-Puten-Bohnen-Auflauf

Gesamtzeit: 25 Minuten | **Portionen**: 6

Zutaten

1 Esslöffel Butter
1 gelbe Zwiebel, gewürfelt
2 Knoblauchzehen, gehackt
1 lb Putenbrust
2 Tassen Enchilada-Sauce
Salz und schwarzer Pfeffer nach Geschmack
1 (15-oz) Dose Pinto-Bohnen
8 Tortillas, jeweils in 8 Stücke geschnitten
1 (16-oz) Beutel gefrorener Mais
2 Tassen geriebener Monterey Jack
2 Esslöffel Koriander, gehackt

Wegbeschreibung

Auf Sauté die Butter schmelzen und die Zwiebel und den Knoblauch unter Rühren 3 Minuten lang anbraten. Truthahn, Enchilada-Sauce und 1 Tasse Wasser hinzugeben; mit Salz und Pfeffer würzen; umrühren. Den Deckel verschließen, Schnellkochtaste auf Hoch stellen und 15 Minuten einstellen.

Wenn der Truthahn gar ist, den Druck schnell ablassen und den Deckel öffnen. Den Truthahn mit zwei Gabeln zerkleinern. Pinto-Bohnen, Tortillastücke, Mais und die Hälfte des Käses untermischen. Mit dem restlichen Käse und Koriander bestreut servieren.

Minestrone-Puten-Suppe

Gesamtzeit: 35 Minuten | **Portionen**: 4

Inhaltsstoffe

2 Esslöffel Olivenöl
1 Pfund heiße Truthahnwurst
3 Stangen Staudensellerie, gewürfelt
3 Knoblauchzehen, gehackt
1 rote Zwiebel, gewürfelt
Salz nach Geschmack
½ Tasse trockener Weißwein
4 Tassen Hühnerbrühe
½ Teelöffel Fenchelsamen
1 (15-oz) Dose Cannellini-Bohnen
9 Unzen gekühlte Tortellini
1 Parmesan-Käse-Rinde
2 Tassen gehackter Spinat
½ Tasse geriebener Parmesankäse

Wegbeschreibung

Auf Sauté das Olivenöl erhitzen und die Wurst 4 Minuten lang braten, bis sie goldbraun ist. Sellerie, Knoblauch und Zwiebel einrühren, mit Salz würzen und 3 Minuten kochen. Mit dem Wein aufgießen. Den Boden des Topfes abkratzen, um die gebräunten Stücke zu entfernen. Die Hühnerbrühe, die Fenchelsamen, die Tortellini, die Parmesanschwarte, die Cannellini-Bohnen und den Spinat hinzugeben.

Verschließen Sie den Deckel, wählen Sie Manuell/Druckgaren auf Hoch und stellen Sie die Zeit auf 10 Minuten ein. Sobald die Suppe fertig ist, 10 Minuten lang einen natürlichen Druckablass durchführen. Die Suppe in Schüsseln füllen, mit dem geriebenen Käse bestreuen und servieren.

Feiertagstruthahn mit Preiselbeersoße

Gesamtzeit: 50 Minuten | **Portionen:** 4

Inhaltsstoffe

2 Esslöffel Butter, geschmolzen
1 Pfund Putenbrust mit Knochen
4 Teelöffel Geflügelgewürz
Salz und schwarzer Pfeffer nach Geschmack
1 Tasse Hühnerbrühe
2 Esslöffel Mehl
½ Tasse Weißwein
2 Esslöffel Preiselbeersauce

Wegbeschreibung

Geflügelgewürz, Salz und Pfeffer in einer Schüssel vermengen. Die Hälfte des Gewürzes auf den Truthahn reiben. Gießen Sie die Hühnerbrühe in den Instant Pot und legen Sie einen Untersetzer hinein. Legen Sie den Truthahn auf den Untersetzer. Verschließen Sie den Deckel, wählen Sie Manuell/Druckgaren auf hoher Stufe und kochen Sie 15 Minuten lang. Wenn der Truthahn gar ist, lassen Sie ihn 10 Minuten lang auf natürliche Weise abkühlen. Vorsichtig den Deckel öffnen.

Den Ofen auf 400 F vorheizen. Die restliche Gewürzmischung mit der Butter vermischen. Den Truthahn auf ein Backblech legen und mit der Buttermischung bestreichen. 10 Minuten backen oder bis er braun ist. Den Untersetzer aus dem Topf nehmen und auf Sauté drücken.

In einer Schüssel Mehl, Wein, Preiselbeersoße und ½ Tasse des Kochsaftes aus dem Topf vermischen; gut umrühren. Die Mischung in den Topf geben und 5 Minuten kochen lassen, bis die Sauce eindickt. Den Truthahn aus dem Ofen nehmen und abkühlen lassen, bevor er in Scheiben geschnitten wird. Mit der Soße servieren.

Puten- und Linsen-Chili

Gesamtzeit: 45 Minuten | **Portionen**: 4

Zutaten

1 (14,5 Unzen) Dose gehackte Tomaten
1 (4 Unzen) Dose grüne Chilis, gehackt
1 Esslöffel Olivenöl
1 Pfund Putenhackfleisch
1 mittelgroße gelbe Zwiebel, gewürfelt
2 Knoblauchzehen, gehackt
2 Esslöffel Tomatenmark
Salz und schwarzer Pfeffer nach Geschmack
1 Tasse trockene grüne Linsen
2 Tassen Hühnerbrühe
1 (8 Unzen) Dose Tomatensauce
1 Teelöffel Kreuzkümmelpulver
2 Teelöffel Chilipulver
¼ Tasse geriebener Cheddar-Käse

Wegbeschreibung

Stellen Sie Ihren Instant Pot auf Sauté. Öl erhitzen und den Truthahn 6 Minuten lang anbraten. Zwiebeln, Knoblauch, Tomatenmark, Salz und Pfeffer hinzugeben. Umrühren und kochen, bis die Zwiebeln weich werden, 3 Minuten. Linsen, Brühe, Tomatensauce, Tomaten, grüne Chilis und Kreuzkümmel untermischen. Verschließen Sie den Deckel, wählen Sie Druckgaren auf hoher Stufe und stellen Sie die Garzeit auf 15 Minuten ein. Nach dem Kochen 10 Minuten lang auf natürliche Weise ablassen und den Deckel öffnen. Chili einrühren und den Geschmack anpassen. Mit Cheddar-Käse bestreuen und servieren.

Teriyaki-Puten-Fleischbällchen

Gesamtzeit: 40 min | **Portionen**: 4

Zutaten

1 Esslöffel Speisestärke mit 1 Esslöffel Wasser vermischt
2 Esslöffel Rapsöl
1 Pfund Putenhackfleisch
½ Tasse Panko-Brotkrumen
1 Schalotte, gewürfelt
1 großes, leicht geschlagenes Ei
½ Teelöffel Knoblauchpulver
Salz, schwarzer Pfeffer nach Geschmack
½ Tasse Teriyaki-Sauce
2 Esslöffel Sojasauce
½ Teelöffel gemahlener Koriander

Wegbeschreibung

In einer Schüssel Truthahnhackfleisch, Semmelbrösel, Schalotte, Ei, Knoblauchpulver, Koriander, Salz und Pfeffer vermischen. Die Mischung zu 5 cm großen Fleischbällchen formen. Erhitzen Sie das Öl in Ihrem Instant Pot auf Sauté. Die Fleischbällchen hineingeben und 6-8 Minuten von allen Seiten anbraten. Herausnehmen und beiseite stellen. In einer kleinen Schüssel Teriyaki-Sauce, Sojasauce und 1 Tasse Wasser verquirlen.

Die Soße in den Topf gießen und alle gebräunten Stücke vom Boden kratzen. Die Fleischbällchen wieder in den Topf geben. Den Deckel schließen, Manuell/Druckgaren wählen und die Kochzeit auf 7 Minuten auf hoher Stufe einstellen. Nach Ende der Garzeit kurz loslassen. Die Maisstärkemischung einrühren und auf Sauté drücken. Köcheln lassen, bis die Sauce eindickt, etwa 2 Minuten, dann auf Abbrechen drücken. Die Fleischbällchen und die Soße auf eine Servierplatte geben und warm servieren.

Fettucine Putenbolognese mit Parmesan

Gesamtzeit: 25 Minuten | **Portionen**: 4

Inhaltsstoffe

1 Esslöffel Olivenöl
1 Pfund Putenhackfleisch
Salz und schwarzer Pfeffer nach Geschmack
1 große gelbe Zwiebel, gewürfelt
1 Staudensellerie, gehackt
1 Karotte, geschält und gewürfelt
1 Knoblauchzehe, gehackt
1 (25 oz) Glas Marinara-Sauce
5 Tassen Hühnerbrühe
16 Unzen Fettuccine-Nudeln
¼ Tasse geriebener Parmesankäse
2 Esslöffel Basilikum, gehackt

Wegbeschreibung

Den Instant Pot auf Sauté stellen, das Olivenöl erhitzen, den Truthahn mit Salz und Pfeffer würzen und unter häufigem Rühren 5 Minuten braun braten. Zwiebel, Sellerie, Karotte und Knoblauch hinzufügen und 3 Minuten kochen, bis das Gemüse weich ist. Marinarasauce, Brühe, Salz, Pfeffer und Fettuccine unterrühren. Den Deckel schließen, Druckkochen wählen und die Zeit auf 4 Minuten einstellen. Nach dem Kochen den Druck kurz ablassen. Den Deckel öffnen, umrühren und auf einen Teller geben. Mit Parmesankäse und Basilikum garnieren und servieren.

Weißwein-Putenfleisch mit Pappardelle

Gesamtzeit: 25 Minuten | **Portionen**: 4

Inhaltsstoffe

2 Esslöffel Olivenöl
1 Pfund Putenhackfleisch
1 rote Zwiebel, in dünne Scheiben geschnitten
2 Tassen gemischte Paprikaschoten in Scheiben geschnitten
4 Knoblauchzehen, gehackt
Salz und schwarzer Pfeffer nach Geschmack
1 Teelöffel italienisches Gewürz
½ Tasse Weißwein
1 (28 oz) Dose gewürfelte Tomaten
3 Tassen Hühnerbrühe
16 oz Pappardelle-Nudeln
¼ Tasse Basilikum Chiffonade

Wegbeschreibung

Stellen Sie den Instant Pot auf den Sauté-Modus. Das Olivenöl erhitzen und den Truthahn unter gelegentlichem Rühren anbraten, um eventuelle Klumpen zu lösen (5 Minuten). Rote Zwiebeln und Paprika hinzufügen und 3 Minuten lang kochen, bis sie weich sind. Knoblauch hinzugeben und 30 Sekunden lang kochen, bis er duftet. Mit Salz, Pfeffer und italienischen Gewürzen abschmecken. Umrühren und 1 Minute lang kochen.

Mit dem Wein aufgießen und um zwei Drittel einkochen lassen. Die Tomaten, die Brühe und die Nudeln einrühren. Den Deckel verschließen, Schnellkochstufe wählen und die Zeit auf 3 Minuten einstellen. Den Druck kurz ablassen, Basilikum einrühren und den Geschmack anpassen. Anrichten und servieren.

Putenfleischbällchen Makkaroni in roter Soße

Gesamtzeit: 20 Minuten | **Portionen**: 4

Zutaten

5 Tassen Hühnerbrühe
4 Esslöffel Tomatenmark
¼ Tasse gehacktes Basilikum
1 Teelöffel Oregano
1 Teelöffel Zwiebelpulver
¼ Teelöffel rote Chiliflocken
5 Knoblauchzehen, gehackt
24 tiefgefrorene Truthahn-Frikadellen
10 Unzen Makkaroni
1 (25 Unzen) Glas Tomatensauce
Salz und schwarzer Pfeffer nach Geschmack
¼ Tasse geriebener Parmesankäse

Wegbeschreibung

Die Hühnerbrühe in den Instant-Topf geben und das Tomatenmark einrühren, bis alles gut vermischt ist. Basilikum, Oregano, Zwiebelpulver, Chiliflocken, Knoblauch, Fleischbällchen, Makkaroni und Tomatensauce hinzufügen. Umrühren und dabei darauf achten, dass die Fleischbällchen nicht zerbrechen.

Verschließen Sie den Deckel, wählen Sie den Modus Schnellkochen und stellen Sie die Garzeit auf 3 Minuten ein. Nach dem Garen 10 Minuten lang einen natürlichen Ablassvorgang durchführen. Vorsichtig umrühren und den Geschmack mit Salz und Pfeffer anpassen. Mit Parmesan garnieren und warm servieren.

Pilz- und Entensuppe mit Reis

Gesamtzeit: 45 Minuten | **Portionen**: 4

Inhaltsstoffe

2 Esslöffel geschmolzenes Entenfett
1 Pfund Cremini-Pilze, in Scheiben geschnitten
¼ Tasse gehackte grüne Zwiebeln
2 Knoblauchzehen, gehackt
½ lb geräucherte Ente, gewürfelt
4 Tassen Hühnerbrühe
½ Tasse kurzkörniger Reis
Salz und schwarzer Pfeffer nach Geschmack
¾ Tasse Senfgras, gehackt
1 Zitrone, entsaftet
1 Esslöffel Ingwerpaste
2 Esslöffel Petersilie, gehackt

Wegbeschreibung

Stellen Sie Ihren Instant Pot auf Sauté. Entenfett erhitzen und Knoblauch, Pilze, Ingwer und Frühlingszwiebeln anbraten, bis sie weich sind (3 Minuten). Die Ente im Gemüse schwenken, damit sich der Geschmack entfalten kann, und die Hühnerbrühe darüber gießen. Reis, Salz und schwarzen Pfeffer hinzugeben. Den Deckel verschließen, Druckgaren auf hoher Stufe wählen und die Zeit auf 10 Minuten einstellen. 10 Minuten ruhen lassen, 10 Minuten lang einen natürlichen Druckablass und dann einen schnellen Druckablass durchführen. Öffnen Sie den Deckel.

Auf "Sauté" stellen und das Senfgemüse einrühren. 1 bis 2 Minuten welken lassen, abschmecken und Zitronensaft einrühren. Die Suppe in Servierschalen füllen und mit Petersilie bestreut servieren.

Zarte Ente in Zitronensoße

Gesamtzeit: 25 Minuten | **Portionen**: 4

Inhaltsstoffe

2 Esslöffel Entenfett
1 lb Entenbrust, in Würfel geschnitten
½ Teelöffel gemischte Kräuter
Salz und schwarzer Pfeffer nach Geschmack
1 gelbe Zwiebel, gewürfelt
2 Stangen Staudensellerie, gewürfelt
8 Knoblauchzehen, gehackt
1 frischer Zweig Rosmarin
1 Esslöffel Tomatenmark
1 Tasse Hühnerbrühe
2 Zitronen, saftig
2 Esslöffel gehackte Petersilie

Wegbeschreibung

Schmelzen Sie das Entenfett in Ihrem Instant Pot auf Sauté. Die Ente mit einer Kräutermischung, Salz und Pfeffer würzen und von beiden Seiten 8 Minuten goldbraun braten. Beiseite stellen. Zwiebel und Sellerie in das Öl geben und anbraten, bis sie weich sind, 3 Minuten. Knoblauch und Rosmarin einrühren und 30 Sekunden lang kochen, bis sie duften.

Tomatenmark einrühren und mit Hühnerbrühe aufgießen. 1 Minute köcheln lassen und die Ente wieder in den Topf geben. Den Deckel verschließen, Druckgaren auf hoher Stufe wählen und auf 5 Minuten einstellen. Wenn die Ente gar ist, kurz loslassen. Zitronensaft und Petersilie unterrühren und die Ente mit der Soße und etwas Kartoffelpüree servieren.

Truthahn-Tacos nach jamaikanischer Art

Gesamtzeit: 35 Minuten | **Portionen**: 4

Zutaten

2 Esslöffel jamaikanisches Jerk-Gewürz
¼ Tasse Mayonnaise
2 Esslöffel Honig
2 Esslöffel Limettensaft
1 Teelöffel Ingwerpüree
1 Teelöffel getrockneter Thymian
1 Tasse Hühnerbrühe
1 lb Putenbrust, gewürfelt
½ Tasse Staudensellerie, in dünne Scheiben geschnitten
1 Tasse gehackte Ananas
4 Mehltortillas
1 Esslöffel gehackter Koriander

Wegbeschreibung

Mischen Sie in Ihrem Instant Pot jamaikanische Gewürze, Mayonnaise, Honig, Limettensaft, Ingwerpüree, Thymian und Brühe. Truthahn, Staudensellerie und Ananas hineingeben. Gut mit der Soße bestreichen. Den Deckel verschließen, Druckgaren auf hoher Stufe wählen und auf 10 Minuten einstellen.

Nach dem Garen 5 Minuten ruhen lassen, dann 10 Minuten lang auf natürliche Weise abkühlen lassen. Den Deckel öffnen und die Taco-Füllung in die Tortillas löffeln. Mit Koriander garnieren und servieren.

Rote Thai-Curry-Ente

Gesamtzeit: 40 min | **Portionen**: 4

Zutaten

1 Esslöffel Sesamöl
1 Pfund Entenbrüste
2 Esslöffel rote Thai-Curry-Paste
1 Aubergine, gewürfelt
1 Esslöffel Knoblauchpaste
1 Esslöffel Ingwerpaste
8 Unzen Zuckerschoten
2 Esslöffel Sojasauce
1 (13,5 Unzen) Kokosnussmilch
2 Esslöffel Koriander, gehackt
2 Tassen Basmati-Reis, gekocht
4 Limettenspalten

Wegbeschreibung

Den Instant Pot auf Sauté stellen, Sesamöl erhitzen und die Ente 8-10 Minuten braten. Wenden und weitere 4 Minuten braten. Beiseite stellen. Aubergine, Currypaste, Knoblauch und Ingwer in den Topf geben und 2 Minuten lang anbraten. Kokosmilch, Erbsen, Sojasoße und 1 Tasse Wasser hinzugeben; die Ente zurückgeben.

Den Deckel verschließen, Schnellkochen wählen und auf 12 Minuten einstellen. Wenn die Ente fertig ist, 10 Minuten lang abkühlen lassen. Vorsichtig den Deckel öffnen und die Ente auf einen Teller nehmen. Ein paar Minuten ruhen lassen, dann in Scheiben schneiden.

Die Entensiles auf einer Platte anrichten, den gekochten Reis dazugeben und mit der Sauce übergießen. Mit Koriander und Limettenspalten garnieren und servieren.

SCHWEINEFLEISCH-REZEPTE

Pulled Pork Burritos

Gesamtzeit: 70 Minuten | **Portionen**: 4

Inhaltsstoffe

1 Pfund Schweineschulter
1 Tasse Rinderbrühe
1 Teelöffel gemahlener Koriander
4 Knoblauchzehen, zerdrückt
1 Zwiebel, gewürfelt
2 Lorbeerblätter
Salz und schwarzer Pfeffer nach Geschmack
1 Esslöffel Sojasauce
½ Tasse Enchilada-Sauce
12 Mais-Tortilla-Wraps, warm
1 Limette, entsaften
Scharfer Pico de Gallo zum Garnieren

Wegbeschreibung

Schweinefleisch, Knoblauch, Zwiebel, gemahlenen Koriander, Lorbeerblätter, Sojasauce, Enchiladasauce, Salz und Pfeffer in einer Schüssel mischen und 20 Minuten lang zugedeckt marinieren. Dann die Mischung zusammen mit der Rinderbrühe in den inneren Topf geben. Verschließen Sie den Deckel, wählen Sie Schnellkochen auf hoher Stufe und stellen Sie die Zeit auf 30 Minuten ein. Nach Beendigung des Garvorgangs 10 Minuten lang einen natürlichen Druckablass gewähren. Öffnen Sie den Deckel und legen Sie das Fleisch zum Abkühlen auf ein Schneidebrett. Mit einer Gabel zerkleinern und zurück in den Topf geben. Zum Servieren die Tortillas mit dem Schweinefleisch füllen und mit Pico de Gallo und Limettensaft garnieren.

Süß-saurer Schweinefleischeintopf

Gesamtzeit: 50 Minuten | **Portionen**: 4

Inhaltsstoffe

3 Esslöffel Olivenöl
¼ Tasse Speisestärke
1 Pfund Schweineschulter, gewürfelt
Salz und schwarzer Pfeffer nach Geschmack
1 rote Paprika, in Streifen geschnitten
1 weiße Zwiebel, in dünne Scheiben geschnitten
¼ Tasse weißer Essig
¼ Tasse Kristallzucker
¼ Tasse Ketchup
1 Teelöffel frisch geriebener Ingwer
1 Tasse gehackte Ananas
1 Tasse Hühnerbrühe

Wegbeschreibung

1 Esslöffel Maisstärke zurückbehalten und den Rest auf einen Teller geben. Das Schweinefleisch mit Salz und Pfeffer würzen und leicht in der Maisstärke wälzen. Den Instant Pot auf Sauté stellen und das Olivenöl erhitzen. Braten Sie das Schweinefleisch 8 Minuten lang, bis es außen goldbraun ist. Auf einen Teller nehmen und beiseite stellen. Paprika und Zwiebel hinzufügen und anbraten, bis sie weich sind, 5 Minuten.

In einer Schüssel Essig, Zucker, Ketchup und Ingwer mischen. Die Mischung über das Gemüse gießen und 2 Minuten kochen lassen. Das Schweinefleisch wieder in den Topf geben und mit Ananas und Hühnerbrühe auffüllen. Den Deckel verschließen, den Druckkochtopf auf hohe Stufe und 15 Minuten einstellen. Nach dem Garen 10 Minuten lang auf natürliche Weise abkühlen lassen. Servieren und genießen!

Hackfleisch Huevos Rancheros

Gesamtzeit: 45 Minuten | **Portionen**: 4

Inhaltsstoffe

1 Esslöffel Olivenöl
1 Pfund Schweinehackfleisch
1 kleine weiße Zwiebel, gewürfelt
1 Knoblauchzehe, gehackt
1 rote Paprika, gewürfelt
2 Esslöffel Tomatenmark
4 Tassen Tomaten, gewürfelt
1 Teelöffel geräucherter Paprika
1 Teelöffel Chilipulver
Salz und schwarzer Pfeffer nach Geschmack
4 Eier, aufgeschlagen in eine Schüssel
1 Esslöffel gehackte Petersilie

Wegbeschreibung

Den Instant Pot auf Sauté stellen, das Olivenöl erhitzen und das Schweinefleisch 5 Minuten lang anbraten. Zwiebel, Knoblauch und Paprika hinzufügen. Unter Rühren anbraten, bis sie weich sind (3 Minuten). Tomatenmark, Tomaten, Paprika, Chilipulver, Salz, Pfeffer und 1 Tasse Wasser einrühren.

Verschließen Sie den Deckel, wählen Sie Druckgaren auf niedrig und stellen Sie die Zeit auf 15 Minuten ein. 10 Minuten lang auf natürliche Weise abkühlen lassen und dann den Deckel öffnen. Sautieren wählen und umrühren. Vier Löcher in die Sauce machen und jedes Ei in jedes Loch geben. Lassen Sie die Eier 1 bis 2 Minuten lang stocken. Shakshuka in Servierschalen füllen, mit Petersilie garnieren und warm servieren.

Schweinefleisch mit pikanter roter Soße

Gesamtzeit: 35 Minuten | **Portionen**: 4

Inhaltsstoffe

1 Pfund Schweinehackfleisch
2 Esslöffel Chilipulver
Salz und schwarzer Pfeffer nach Geschmack
½ Teelöffel getrockneter Oregano
2 Teelöffel Knoblauch, gehackt
¼ Tasse Koriander, gehackt
1 Tasse gewürfelte rote Zwiebel
2 (15-oz) Dosen geschmorte Tomaten
1 (19-oz) Dose Enchilada-Sauce
1 Tasse Hühnerbrühe
2 (15-oz) Dosen rote Kidneybohnen

Wegbeschreibung

Schweinefleisch, Chilipulver, Salz, schwarzen Pfeffer, Oregano, Knoblauch, Koriander, Zwiebel, Tomaten, Enchiladasauce, Hühnerbrühe und Kidneybohnen in den Instant Pot geben. Den Deckel verschließen, Druckgaren auf hoher Stufe wählen und die Zeit auf 15 Minuten einstellen.

10 Minuten lang einen natürlichen Druckablass durchführen, dann einen schnellen Druckablass, bis der restliche Dampf entwichen ist, und den Deckel aufschließen. Umrühren, mit Salz und Pfeffer abschmecken und das Chili anrichten. Warm mit Tortillas und Cheddarkäse servieren.

Eintopf mit Schweinefleisch und Zuckermais

Gesamtzeit: 40 Minuten | **Portionen**: 4

Inhaltsstoffe

1 Esslöffel Olivenöl
1 Pfund Schweinefilet, gewürfelt
2 Schalotten, gewürfelt
2 Knoblauchzehen, gehackt
1 (8 Unzen) Dose Maiskörner
½ Teelöffel Senfpulver
4 Tassen Hühnerbrühe
½ Zitrone, Saft
Salz und schwarzer Pfeffer nach Geschmack
3 Esslöffel Sahne
3 Esslöffel gehackter Schnittlauch

Wegbeschreibung

Den Instant Pot auf Sauté stellen, das Olivenöl erhitzen, das Schweinefleisch mit Salz und Pfeffer würzen und im Öl anbraten, bis es goldbraun ist, 8 Minuten; beiseite stellen. Schalotten anbraten, bis sie weich sind, 2 Minuten. Knoblauch einrühren, 30 Sekunden kochen, dann Maiskörner und Senf dazugeben und 1 Minute kochen. Brühe und Schweinefleisch einrühren. Den Deckel verschließen, Schnellkochtaste auf Hoch stellen und die Zeit auf 10 Minuten einstellen. Wenn das Fleisch fertig ist, 10 Minuten lang auf natürliche Weise abkühlen lassen. Das Schweinefleisch in Schüsseln füllen und beiseite stellen. Die Suppe mit einem Stabmixer pürieren, bis sie glatt ist, und den Zitronensaft unterrühren. Mit Salz und schwarzem Pfeffer abschmecken. Schwere Sahne einrühren und die Suppe über das Schweinefleisch geben. Mit Schnittlauch garnieren und warm servieren.

Sesam-Schweinefleisch-Eierrollen-Schalen

Gesamtzeit: 30 Minuten | **Portionen**: 4

Zutaten

1 Esslöffel Olivenöl
1 Esslöffel Sesamöl
1 Pfund Schweinehackfleisch
Salz und schwarzer Pfeffer nach Geschmack
1 Knoblauchzehe, gehackt
1 Esslöffel frisch geriebener Ingwer
½ rote Zwiebel, in dünne Scheiben geschnitten
1 Tasse geschredderte Möhren
1 kleiner Grünkohl, in Scheiben geschnitten
¼ Tasse Sojasauce
1 Esslöffel scharfe Sauce
1 Tasse Hühnerbrühe
1 Frühlingszwiebel, in dünne Scheiben geschnitten
1 Esslöffel Sesamsamen

Wegbeschreibung

Den Instant Pot auf Sauté stellen, das Olivenöl erhitzen, das Schweinefleisch hinzugeben, salzen, pfeffern und 5 Minuten braun braten. Knoblauch und Ingwer hinzufügen und 1 Minute lang kochen, bis sie duften. Sesamöl, Zwiebel, Karotten, Kohl, Sojasauce, scharfe Sauce und Brühe untermischen. Den Deckel verschließen, Pressure Cooker auf hohe Stufe stellen und die Zeit auf 15 Minuten einstellen. Nach dem Kochen einen kurzen Drucktest durchführen. Frühlingszwiebeln unterrühren und den Geschmack anpassen. Das Essen in Servierschalen anrichten und mit Sesam garnieren.

Salbeischweinefleisch mit karamellisierten Äpfeln

Gesamtzeit: 45 Minuten | **Portionen**: 4

Zutaten

2 Esslöffel Olivenöl
3 Esslöffel Butter
4 nicht entbeinte Schweinekoteletts
Salz und schwarzer Pfeffer nach Geschmack
2 Knoblauchzehen, gehackt
2 Esslöffel gehackter Salbei
1 Pfund Äpfel, geschält und in Scheiben geschnitten
4 Esslöffel Honig
½ Tasse Apfelessig
1 Tasse Hühnerbrühe
½ Tasse Schlagsahne
2 Esslöffel gehackte Petersilie

Wegbeschreibung

Den Instant Pot auf Sauté stellen, das Olivenöl erhitzen, das Schweinefleisch mit Salz und Pfeffer würzen und anbraten, bis es goldbraun ist, 6 Minuten; beiseite stellen. Knoblauch und Salbei hinzufügen und unter Rühren 30 Sekunden lang anbraten, bis sie duften. Äpfel, Butter und Honig hinzugeben und 5 Minuten kochen, bis die Äpfel karamellisieren. Mit Essig, Brühe und Schweinefleisch auffüllen. Den Deckel verschließen, Druckgaren auf hoher Stufe wählen und auf 20 Minuten einstellen. Nach dem Garen 10 Minuten lang auf natürliche Weise entspannen. Den Deckel öffnen und die Sahne einrühren. 2 bis 3 Minuten lang im Sauté-Modus köcheln lassen. Das Essen auf Servierteller verteilen und großzügig mit der Sauce übergießen. Mit Petersilie garnieren und servieren.

Drei-Pfeffer-Schweinefleisch-Chili mit Tomatillos

Gesamtzeit: 45 Minuten | **Portionen**: 4

Inhaltsstoffe

2 Esslöffel Olivenöl
1 Pfund Schweineschulter, gewürfelt
Salz und schwarzer Pfeffer nach Geschmack
2 Jalapeño-Paprikaschoten
2 Poblano-Paprikaschoten
2 Anaheim-Paprika
4 Knoblauchzehen
6 Tomatillos, ohne Schale
1 große weiße Zwiebel, geviertelt
1 Strauß Koriander
½ Teelöffel Kreuzkümmelpulver
1 Tasse Hühnerbrühe

Wegbeschreibung

Heizen Sie den Backofen auf 350°F vor. Den Instant Pot auf Sauté einstellen und das Olivenöl erhitzen. Das Schweinefleisch mit Salz und Pfeffer würzen und von beiden Seiten goldbraun anbraten, 8 Minuten. Paprika, Knoblauch, Tomatillos und Zwiebeln auf einem Backblech anrichten. Im Ofen 3 bis 5 Minuten rösten, bis sie leicht verkohlt sind. Das geröstete Gemüse mit dem Koriander in einem Mixer schnell pürieren. Die Mischung über das Schweinefleisch gießen. Kreuzkümmel und Brühe hinzugeben.

Verschließen Sie den Deckel, wählen Sie Druckgaren auf hoher Stufe und stellen Sie die Zeit auf 15 Minuten ein. Nach dem Kochen 10 Minuten lang auf natürliche Weise abkühlen lassen; den Deckel öffnen. Die Soße umrühren, abschmecken und in Servierschüsseln verteilen. Warm mit Tortillas servieren.

Cremiges Schweinefleisch mit Basilikum und Petersilie

Gesamtzeit: 55 Minuten | **Portionen**: 4

Inhaltsstoffe

1 Esslöffel Olivenöl
1 Esslöffel Butter
1 Pfund Schweineschulter, gewürfelt
Salz und schwarzer Pfeffer nach Geschmack
½ Teelöffel getrocknetes Senfpulver
1 kleine gelbe Zwiebel, gewürfelt
3 Knoblauchzehen, gehackt
1 ½ Tassen Hühnerbrühe
¾ Tasse Schlagsahne
1 Esslöffel Speisestärke
1 Teelöffel getrocknete Petersilie
1 Teelöffel getrocknetes Basilikum

Wegbeschreibung

Den Instant Pot auf Sauté stellen, Olivenöl und Butter erhitzen und das Schweinefleisch mit Salz, Pfeffer und Senfpulver würzen. Im Öl anbraten, bis es von außen goldbraun ist (7 Minuten). Auf einen Teller geben. Die Zwiebel anbraten, bis sie weich ist, 3 Minuten. Knoblauch einrühren und 30 Sekunden lang duftend braten. Mit der Hühnerbrühe aufgießen und das Fleisch in den Topf zurückgeben. Den Deckel verschließen, Druckgaren auf hoher Stufe wählen und die Zeit auf 20 Minuten einstellen. Nach dem Garen 10 Minuten lang auf natürliche Weise entspannen. Das Schweinefleisch auf einen Teller geben und auf Sauté drücken. Für die Sauce Sahne, Maisstärke, Basilikum und Petersilie verquirlen. 2 Minuten kochen lassen und das Schweinefleisch wieder in die Sauce geben. 3 Minuten kochen lassen. Das Schweinefleisch mit der Sauce servieren.

Schweinefleisch und Gemüsereis

Gesamtzeit: 45 Minuten | **Portionen:** 6

Zutaten

2 Esslöffel Olivenöl
1 Zwiebel, fein gewürfelt
1 Knoblauchzehe, gehackt
2 Pfund Schweinefilet, in Stücke geschnitten
Salz und schwarzer Pfeffer nach Geschmack
4 Tassen Wasser
2 Tassen Reis
1 großes Ei, verquirlt
3 Esslöffel Sojasauce
1 Karotte, gehackt
1 Tasse grüne Bohnen, kleingeschnitten
2 Frühlingszwiebeln, fein gehackt

Wegbeschreibung

Den Instant Pot auf Sauté stellen und 1 Esslöffel Olivenöl erhitzen. Zwiebel und Knoblauch 3 Minuten lang unter Rühren anbraten. Schweinefleisch mit Salz und Pfeffer bestreuen und 8-10 Minuten mit einem Spritzer Wasser kochen. 1 Tasse Wasser angießen, um gebräunte Reste vom Boden zu kratzen. Den Reis und das restliche Wasser einfüllen. Den Deckel verschließen, den Pressure Cooker auswählen und auf 8 Minuten auf höchster Stufe einstellen.

Wenn der Reis fertig ist, 10 Minuten lang abkühlen lassen. Den Deckel abnehmen und den Reis mit einer Gabel auflockern. In einer Schüssel das restliche Öl und das verquirlte Ei untermischen. Die Sojasauce und die Schweinefleischmischung hinzugeben und umrühren. Die grünen Bohnen und Karotten dazugeben. Die so entstandene Mischung unter den Reis rühren und 6 Minuten auf Sauté durchziehen lassen. Zum Servieren mit Frühlingszwiebeln bestreuen.

Thymian-Schweinefleisch mit Champignons und Schalotten

Gesamtzeit: 55 Minuten | **Portionen**: 4

Inhaltsstoffe

2 Esslöffel Olivenöl
2 Esslöffel Butter
4 Schweinekoteletts ohne Knochen
Salz und schwarzer Pfeffer nach Geschmack
2 Schalotten, in dünne Scheiben geschnitten
2 Knoblauchzehen, gehackt
1 Tasse geschnittene Cremini-Pilze
½ Tasse Marsala-Wein
1 Tasse Hühnerbrühe
1 Teelöffel Thymianblätter
¼ Tasse glattes Mehl
2 Esslöffel gehackte Petersilie

Wegbeschreibung

Stellen Sie Ihren Instant Pot auf Sauté und erhitzen Sie das Olivenöl und die Butter. Das Schweinefleisch mit Salz und schwarzem Pfeffer würzen und von beiden Seiten goldbraun anbraten (8 Minuten). Auf einen Teller geben. Schalotten und Knoblauch unterrühren, bis sie weich werden und duften, 2 Minuten. Champignons zugeben und 2 Minuten mitbraten. Mit Marsala-Wein ablöschen, um ein Drittel einkochen lassen, Hühnerbrühe und Thymian hinzufügen und das Schweinefleisch wieder in den Topf geben. Den Deckel verschließen, Schnellkochstufe wählen und auf 20 Minuten einstellen.

Nach dem Kochen 10 Minuten lang auf natürliche Weise abkühlen lassen. Mehl einrühren und die Sauce in Sauté weiter kochen, bis sie leicht angedickt ist. Schweinefleisch und Sauce auf Servierteller verteilen und mit Petersilie garnieren.

Heiße Schweinekoteletts

Gesamtzeit: 45 Minuten + Marinierzeit | **Portionen**: 4

Inhaltsstoffe

2 Esslöffel Sesamöl
2 Esslöffel Olivenöl
4 Schweinekoteletts ohne Knochen
2 Esslöffel scharfe Sauce
1 Zitrone, entsaftet
1 Esslöffel Sojasauce
1 ½ Teelöffel Sriracha-Sauce
1 Tasse Hühnerbrühe

Wegbeschreibung

Schweinekoteletts in einen Plastikbeutel mit Reißverschluss legen. In einer kleinen Schüssel scharfe Soße, Sesamöl, Zitronensaft, Sojasoße und Sriracha-Soße verrühren. Die Mischung über das Schweinefleisch gießen, den Beutel verschließen und die Marinade in das Fleisch einmassieren. Für 1 Stunde in den Kühlschrank stellen.

Den Instant Pot auf Sauté stellen und das Olivenöl erhitzen. Das Schweinefleisch aus dem Kühlschrank und der Marinade nehmen und von beiden Seiten 6 Minuten lang anbraten, bis es braun ist. Mit der Hühnerbrühe aufgießen. Schließen Sie den Deckel, wählen Sie Druckgaren auf hoher Stufe und stellen Sie die Zeit auf 20 Minuten ein. Nach dem Garen 10 Minuten lang abkühlen lassen und dann den Deckel öffnen. Das Schweinefleisch auf Servierteller geben und mit etwas Soße begießen. Servieren und genießen!

Habanero Speck & Mais Auflauf

Gesamtzeit: 45 Minuten | **Portionen**: 4

Zutaten

¼ Tasse gesalzene Butter, geschmolzen
8 Speckstreifen, gewürfelt
2 Eier, verquirlt
1 Tasse geschredderter Cheddar-Käse
3 Esslöffel gehackte Habanero-Chilis
1 (15 Unzen) Dose Mais, abgetropft
1 (8,5 Unzen) Packung Mais-Muffin-Mischung
10,5 Unzen Sahne aus Zuckermais
¾ Tasse Schlagsahne

Wegbeschreibung

Den Instant Pot auf Sauté stellen und den Speck in 5 Minuten knusprig braten. Den Speck in eine große Schüssel geben und den Topf von innen reinigen. Eier, Cheddar-Käse, Habanero-Chili, Mais, Muffin-Mischung, Maiscreme, Butter und Sahne in die Schüssel geben.

Die Mischung in eine gefettete Gugelhupfform geben und mit Alufolie abdecken. 1 Tasse Wasser in den Topf gießen, einen Untersetzer einlegen und die Gugelhupfform aufsetzen. Den Deckel verschließen, Druckgaren auf hoher Stufe wählen und die Zeit auf 20 Minuten einstellen.

Nach dem Garen 10 Minuten lang einen natürlichen Druckablass durchführen. Den Deckel entriegeln und die Auflaufform vorsichtig herausnehmen. Die Folie entfernen und die Kasserolle auf einen Teller stürzen. Mit Petersilie garnieren, in Scheiben schneiden und servieren.

RIND- UND LAMMFLEISCH-REZEPTE

Chorizo Penne all' Arrabbiata & Meeresfrüchte

Gesamtzeit: 25 Minuten | **Portionen**: 4

Inhaltsstoffe

1 Esslöffel Olivenöl
1 Zwiebel, gewürfelt
1 Knoblauch, gehackt
16 Unzen Penne
1 (24-oz) Glas Arrabbiata-Sauce
4 Tassen Fischbrühe
1 Chorizo, in Scheiben geschnitten
Salz und schwarzer Pfeffer nach Geschmack
8 Unzen Garnelen, geschält und entdarmt
8 Unzen Jakobsmuscheln
12 Venusmuscheln, gesäubert und entgrätet

Wegbeschreibung

Auf Sauté das Öl erhitzen und die Chorizo, die Zwiebel und den Knoblauch hinzugeben; etwa 5 Minuten anbraten. Die Penne, die Arrabbiata-Sauce und die Fischbrühe unterrühren. Mit schwarzem Pfeffer und Salz würzen und gut umrühren.

Verschließen Sie den Deckel, wählen Sie Schnellkochen auf Hoch und stellen Sie die Zeit auf 2 Minuten ein. Nach Ablauf der Zeit den Druck kurz ablassen und den Deckel abnehmen. Wählen Sie Sautieren.

Die Garnelen, Jakobsmuscheln und Venusmuscheln unterrühren. 5 Minuten kochen, bis sich die Muscheln geöffnet haben und die Krabben und Jakobsmuscheln undurchsichtig sind. Nicht geöffnete Venusmuscheln wegwerfen. Die Meeresfrüchte und die Chorizo-Pasta in Schüsseln verteilen und servieren. Guten Appetit!

Rindfleisch mit Kraut und Paprika

Gesamtzeit: 40 Minuten | **Portionen**: 4

Inhaltsstoffe

1 Esslöffel Olivenöl
1 Esslöffel Sesamöl
1 Pfund Rinderhackfleisch
Salz und schwarzer Pfeffer nach Geschmack
1 Esslöffel geriebener Ingwer
3 Knoblauchzehen, gehackt
1 Rotkohl, zerkleinert
1 Grünkohl, zerkleinert
1 rote Paprika, gewürfelt
2 Esslöffel Tamarindensauce
1 Esslöffel scharfe Sauce
½ Esslöffel Honig
2 Esslöffel Walnüsse
1 Teelöffel geröstete Sesamsamen

Wegbeschreibung

Stellen Sie Ihren Instant Pot auf Sauté und erhitzen Sie das Olivenöl. Rindfleisch hinzugeben, mit Salz, Pfeffer, Ingwer und Knoblauch würzen und 5 Minuten braten. Kohl und Paprika hinzugeben und 5 Minuten unter Rühren anbraten. 1 Tasse Wasser einfüllen und den Deckel verschließen. Schnellkochtaste wählen und die Zeit auf 10 Minuten auf höchster Stufe einstellen.

Wenn sie fertig sind, 10 Minuten lang auf natürliche Weise abkühlen lassen. Tamarindensauce, scharfe Sauce, Honig und Sesamöl in einer Schüssel vermengen. Im Topf umrühren, Walnüsse hinzufügen und 1 bis 2 Minuten auf Sauté kochen. Mit Sesamsamen garnieren und servieren.

Südindisches würziges Rindfleisch

Gesamtzeit: 30 Minuten | **Portionen**: 4

Zutaten

1 Esslöffel Olivenöl
1 Pfund Rindergulasch, gewürfelt
Salz und schwarzer Pfeffer nach Geschmack
1 Tasse geriebene Möhren
2 weiße Zwiebeln, in Scheiben geschnitten
2 Knoblauchzehen, gehackt
½ Teelöffel Ingwerpüree
1 Esslöffel Korianderblätter
½ Teelöffel Garam-Masala-Pulver
½ Teelöffel rotes Chilipulver
¼ Teelöffel Kurkumapulver
1 Teelöffel Kreuzkümmelpulver
1 Tasse Basmati-Reis
2 Tassen Rinderbrühe
¼ Tasse Cashewnüsse

Wegbeschreibung

Den Instant Pot auf Sauté stellen, das Olivenöl erhitzen, das Rindfleisch mit Salz und Pfeffer würzen und von beiden Seiten 5 Minuten anbraten; auf einen Teller geben und beiseite stellen. Im Topf Zwiebeln, Knoblauch, Ingwer, Koriander, Garam Masala, roten Chili, Kurkuma, Kreuzkümmel, Salz und Pfeffer unter Rühren 2 Minuten lang anbraten. Reis, Karotten, Rindfleisch und Brühe einrühren. Den Deckel schließen, Schnellkochen wählen und die Zeit auf 6 Minuten einstellen. Nach dem Kochen 10 Minuten ruhen lassen. Den Reis auflockern und die Cashewnüsse einrühren. Reis mit Kokosnussjoghurt servieren.

Einfaches Rindfleisch & Linsen-Chili

Gesamtzeit: 30 Minuten | **Portionen**: 4

Inhaltsstoffe

1 Esslöffel Öl
1 Pfund Rinderhackfleisch
¼ Teelöffel Zitronenpfeffergewürz
1 Zwiebel, gewürfelt
2 Knoblauchzehen, gehackt
1 Dose (14,5 Unzen) gewürfelte Tomaten
1 Esslöffel Chilipulver
1 Esslöffel gemahlener Kreuzkümmel
1 Teelöffel getrockneter Oregano
¼ Teelöffel zerstoßener roter Pfeffer
1 Tasse Rinderbrühe
1 Tasse Linsen in Dosen
Salz und schwarzer Pfeffer nach Geschmack
Schnittlauch, gehackt zum Garnieren

Wegbeschreibung

Stellen Sie Ihren Instant Pot auf Sauté und erhitzen Sie das Öl. Das Rindfleisch, Salz und Zitronenpfeffer hinzufügen. Unter Rühren 8 Minuten lang braten, bis das Fleisch braun ist. Zwiebel und Knoblauch zugeben und 2 Minuten mitbraten. Tomaten, restliche Gewürze, Brühe und Linsen unterrühren.

Verschließen Sie den Deckel, wählen Sie Druckgaren und stellen Sie die Zeit auf 10 Minuten auf hoher Stufe ein. Nach dem Kochen den Druck kurz ablassen. Mit Salz und schwarzem Pfeffer abschmecken, mit Schnittlauch garnieren und servieren.

Französische Zwiebel-Rindfleischsuppe

Gesamtzeit: 80 Minuten | **Portionen**: 4

Inhaltsstoffe

2 Esslöffel Olivenöl
2 Esslöffel Butter
1 ½ lb kurze Rippen
Salz und schwarzer Pfeffer nach Geschmack
1 Teelöffel getrockneter Rosmarin
1 Teelöffel getrockneter Estragon
6 mittelgroße Zwiebeln, in dünne Scheiben geschnitten
½ Teelöffel getrockneter Thymian
¼ Tasse trockener Weißwein
4 Tassen heiße Rinderbrühe
4 Tassen geriebener Gruyere-Käse
8 getoastete Baguettescheiben

Wegbeschreibung

Den Instant Pot auf Sauté stellen, Olivenöl erhitzen, das Fleisch mit Salz, Pfeffer, Rosmarin und Estragon würzen und im Öl anbraten, bis es auf beiden Seiten braun ist (8 Minuten). Auf einen Teller geben und beiseite stellen. Butter im Innentopf schmelzen und die Zwiebeln unter häufigem Rühren 30 Minuten lang karamellisieren lassen. Thymian, Wein und Brühe hinzugeben. Sobald sie kocht, das Rindfleisch hineingeben.

Verschließen Sie den Deckel, wählen Sie Schnellkochen auf Hoch und stellen Sie die Zeit auf 15 Minuten ein. Nach dem Kochen 10 Minuten lang eine natürliche Entspannung zulassen. Den Deckel öffnen, umrühren und den Geschmack anpassen. Die Suppe in 4 Servierschalen füllen, zwei Baguettescheiben in jede Schale legen und mit Gruyere-Käse belegen. Die Suppenschalen 4 Minuten lang unter den Grill stellen, damit der Käse schmilzt. Servieren.

Leckere Rindfleisch-Käse-Quiche

Gesamtzeit: 45 Minuten | **Portionen:** 6

Inhaltsstoffe

2 ½ Tassen geriebener Monterrey Jack Käse
3 Esslöffel Olivenöl
1 Pfund Rinderhackfleisch
3 Esslöffel Taco-Gewürz
1 ½ Tassen gebratene Bohnen aus der Dose
½ Tasse Salsa
4 Mehltortillas
¼ Tasse scharfe Habanero-Sauce
1 große Tomate, in Scheiben geschnitten

Wegbeschreibung

Den Instant Pot auf Sauté stellen und das Olivenöl erhitzen. Das Rindfleisch 7 Minuten lang anbraten; mit dem Taco-Gewürz bestreuen und umrühren. Auf einen Teller legen. Den Innentopf mit einem Papiertuch auswischen, 1 ½ Tassen Wasser einfüllen und einen Untersetzer einlegen.

In einer Schüssel gebratene Bohnen und Salsa vermischen. In eine gefettete Backform eine Mehltortilla, ½ Tasse der Bohnenmischung, 1 Tasse Hackfleisch, etwas Habanero-Sauce und ¼ Tasse Käse legen. Wiederholen Sie diese Schritte für die nächsten 3 Schichten. Mit der vierten Tortilla bedecken und mit Folie abdecken. Die Pfanne auf den Untersetzer stellen. Den Deckel verschließen, Druckgaren auf Hoch einstellen und auf 15 Minuten einstellen. 10 Minuten lang auf natürliche Weise abkühlen lassen; die Folie entfernen. Mit Käse und Tomaten garnieren und servieren.

Wein-Kurzrippchen in Feigen-Tomaten-Chutney

Gesamtzeit: 50 Minuten | **Portionen**: 4

Zutaten

1 Teelöffel Olivenöl
3 Scheiben Speck, gewürfelt
4 Pfund kurze Rippen vom Rind
Salz und schwarzer Pfeffer nach Geschmack
1 Pfund Kirschtomaten, halbiert
1 weiße Zwiebel, gewürfelt
3 Knoblauchzehen, gehackt
2 Tassen Rinderbrühe
1 Tasse Marsala-Wein
¼ Tasse Feigenkonfitüre
3 Esslöffel Thymianblätter

Wegbeschreibung

Den Instant Pot auf Sauté stellen und den Speck 5 Minuten knusprig anbraten. Auf einen mit Papiertüchern ausgelegten Teller geben. Olivenöl erhitzen, Rinderrippchen mit Salz und Pfeffer würzen und auf beiden Seiten braun anbraten. Neben den Speck legen.

Tomaten, Zwiebeln und Knoblauch in den inneren Topf geben und 5 Minuten kochen, bis sie weich sind. Rinderbrühe, Marsala-Wein, Feigenkonserven und Thymian einrühren. Rindfleisch und Speck wieder in den Topf geben. Den Deckel verschließen, Druckgaren auf hoher Stufe wählen und die Zeit auf 20 Minuten einstellen. Nach dem Garen 10 Minuten lang auf natürliche Weise abkühlen lassen. Den Deckel öffnen. Umrühren und servieren.

Rindfleisch-Tofu-Suppe nach koreanischer Art

Gesamtzeit: 35 Minuten | **Portionen**: 4

Inhaltsstoffe

2 Esslöffel Kokosnussöl
½ Pfund Rinderhackfleisch
Salz und schwarzer Pfeffer nach Geschmack
1 mittelgroße Zwiebel, gewürfelt
1 grüne Paprika, gewürfelt
1 Tasse in Scheiben geschnittene Shiitake-Pilze
½ Tasse Kimchi
1 Pfund extra-fester Tofu, gewürfelt
4 Tassen Rinderbrühe
2 Esslöffel Kokosnuss-Aminos
1 Esslöffel Mirin
2 Teelöffel Zitronensaft

Wegbeschreibung

Den Instant Pot auf Sauté stellen, Kokosöl erhitzen, das Rindfleisch hinzufügen, mit Salz und Pfeffer würzen und 5 Minuten anbraten. Zwiebel, Paprika und Pilze hinzufügen und 3 Minuten lang kochen, bis sie weich sind. Kimchi und Tofu einrühren und 1 Minute lang kochen. Brühe, Kokosnuss-Aminos, Mirin und Zitronensaft hinzugeben. Den Deckel verschließen, Pressure Cooker auf "Hoch" stellen und auf 5 Minuten einstellen. 10 Minuten lang natürlich abkühlen lassen. Mit Salz und Pfeffer abschmecken und warm servieren.

Rindfleisch-Niçoise-Sandwiches

Gesamtzeit: 1 Stunde 45 Minuten | **Portionen:** 6

Zutaten

6 kleine französische Baguettes, der Länge nach halbiert
1 (10-oz) Dose kondensierte Zwiebelsuppe
1 Esslöffel Olivenöl
1 Zwiebel, gewürfelt
1 Knoblauchzehe, gehackt
3 Pfund Rinderfiletbraten
Salz und schwarzer Pfeffer nach Geschmack
1 Esslöffel Sojasauce
1 ½ Tassen Rinderbrühe
2 Lorbeerblätter
6 Fontina-Käsescheiben
2 Esslöffel Dijon-Senf

Wegbeschreibung

Stellen Sie Ihren Instant Pot auf Sauté und erhitzen Sie das Olivenöl. Den Braten mit Salz und Pfeffer einreiben und in den Topf geben. Pro Seite 5 Minuten anbraten. Knoblauch, Zwiebel, Sojasauce, Zwiebelsuppe, Brühe und Lorbeerblätter hinzugeben.

Verschließen Sie den Deckel, wählen Sie Schnellkochen und kochen Sie 80 Minuten lang auf höchster Stufe. Wenn der Braten fertig ist, 10 Minuten lang abkühlen lassen. Den Deckel abnehmen und den Braten auf einen Teller legen. Leicht abkühlen lassen, bevor er mit einer Gabel zerkleinert wird. Käse und Senf auf die Baguettes verteilen, mit dem zerkleinerten Fleisch belegen und mit der Kochsauce servieren.

Rindfleisch-Gemüse-Topf

Gesamtzeit: 30 Minuten | **Portionen**: 4

Zutaten

¾ Tasse gehackte Baby-Bella-Pilze
2 Esslöffel Olivenöl
1 Pfund Rinderhackfleisch
1 kleine Zwiebel, fein gewürfelt
1 Karotte, geschält und gewürfelt
1 Staudenselleriestange, gehackt
1 Knoblauchzehe, gehackt
2 Esslöffel Tomatenmark
1 Esslöffel Worcestershire-Sauce
1 Teelöffel Zimtpulver
2 Tassen Rinderbrühe
2 Süßkartoffeln, gewürfelt

Wegbeschreibung

Stellen Sie Ihren Instant Pot auf Sauté. Olivenöl erhitzen und das Rindfleisch 5 Minuten lang anbraten. Zwiebel, Karotte, Sellerie, Pilze und Knoblauch hinzugeben. Kochen, bis das Gemüse weich wird, 5 Minuten. Tomatenmark, Worcestershire-Sauce und Zimt untermischen.

1 Minute lang kochen. Rinderbrühe und Kartoffeln hinzugeben und umrühren. Den Deckel verschließen, Schnellkochstufe wählen und auf 10 Minuten einstellen. Nach dem Garen natürlich abkühlen lassen. Umrühren und den Geschmack mit Salz und Pfeffer anpassen. Das Essen anrichten und servieren.

Geschmorte Lammhaxen

Gesamtzeit: 80 Minuten | **Portionen**: 4

Zutaten

2 Esslöffel Olivenöl
2 lb Lammhaxen
Salz und schwarzer Pfeffer nach Geschmack
6 Knoblauchzehen, gehackt
¾ Tasse Rotwein
1 Tasse Hühnerbrühe
2 Tassen zerdrückte Tomaten
1 Teelöffel getrockneter Oregano
¼ Tasse gehackte Petersilie

Wegbeschreibung

Den Instant Pot auf Sauté stellen, das Olivenöl erhitzen, das Lamm mit Salz und Pfeffer würzen und 3 Minuten pro Seite anbraten, bis es braun ist. Auf einen Teller geben. Den Knoblauch einrühren und 30 Sekunden lang anbraten, bis er duftet.

Rotwein einrühren und 2 Minuten kochen lassen, dabei umrühren und den Boden von anhaftenden Stücken abkratzen. Brühe, Tomaten und Oregano hinzufügen. Umrühren und 2 Minuten lang kochen.

Das Lamm wieder in den Topf geben und mit der Soße begießen. Den Deckel verschließen, die Option Druckgaren auf hoher Stufe wählen und die Zeit auf 45 Minuten einstellen. Nach dem Garen 15 Minuten lang auf natürliche Weise ablassen, dann den Druck schnell ablassen, um den restlichen Dampf abzulassen. Den Deckel abnehmen, die Petersilie unterrühren und mit Salz und Pfeffer abschmecken. Auf Tellern verteilen und servieren.

Gyros mit Rindfleisch nach griechischer Art

Gesamtzeit: 35 Minuten | **Portionen**: 4

Inhaltsstoffe

1 Esslöffel Olivenöl
1 Pfund Rindfleisch, in Streifen geschnitten
Salz und schwarzer Pfeffer nach Geschmack
1 kleine weiße Zwiebel, gewürfelt
3 Knoblauchzehen, gehackt
2 Teelöffel scharfe Sauce
1 Tasse Rinderbrühe
1 mittelgroße Tomate, gewürfelt
1 Gurke, gewürfelt
4 ganze Fladenbrote, erwärmt
1 Tasse griechischer Joghurt
1 Teelöffel gehackter Dill

Wegbeschreibung

Erhitzen Sie das Olivenöl in Ihrem Instant Pot auf Sauté. Das Rindfleisch mit Salz und Pfeffer würzen und unter gelegentlichem Rühren 5 Minuten lang anbraten. Zwiebel und Knoblauch hinzufügen und 3 Minuten lang anbraten, bis sie weich sind. Scharfe Soße und Brühe einrühren.

Verschließen Sie den Deckel, wählen Sie den Modus Schnellkochen auf Hoch, und stellen Sie die Zeit auf 20 Minuten ein. Nach dem Garen auf natürliche Weise ablassen und den Deckel öffnen. Das Rindfleisch umrühren und in eine Schüssel geben. Tomaten und Gurken untermischen und die Rindfleischmischung auf das Fladenbrot geben. Joghurt und Dill in einer mittelgroßen Schüssel verrühren. Das Rindfleisch mit der Joghurtmischung belegen und sofort servieren.

Die besten hausgemachten Sloppy Joes

Gesamtzeit: 35 Minuten | **Portionen**: 4

Inhaltsstoffe

1 Esslöffel Olivenöl
1 Pfund Rinderhackfleisch
1 mittelgroße Zwiebel, gewürfelt
1 rote Paprika, gewürfelt
3 Knoblauchzehen, gehackt
1 Esslöffel helle Sojasauce
1 Esslöffel Worcestershire-Sauce
¾ Tasse Ketchup
1 Esslöffel Tomatenmark
1 Esslöffel brauner Zucker
1 Teelöffel Dijon-Senf
1 Tasse Hühnerbrühe
Salz und schwarzer Pfeffer nach Geschmack
2 Tropfen Flüssigrauch
4 Burgerbrötchen, halbiert

Wegbeschreibung

Stellen Sie Ihren Instant Pot auf Sauté und erhitzen Sie das Olivenöl. Das Rindfleisch 5 Minuten lang anbraten, dabei die entstandenen Klumpen zerkleinern. Zwiebel, Paprika und Knoblauch hinzufügen. 3 Minuten lang kochen. In einer Schüssel Soja- und Worcestershire-Soße, Ketchup, Tomatenmark, Zucker und Senf verquirlen. Die Mischung unter das Rindfleisch rühren. Mit Brühe, Salz, Pfeffer und Flüssigrauch abschmecken. Verschließen Sie den Deckel, wählen Sie Schnellkochen und kochen Sie 15 Minuten lang. Schnell den Druck ablassen. In die Brötchen füllen und servieren.

Katalanischer Schellfisch mit Samfaina

Gesamtzeit: 20 Minuten | **Portionen**: 4

Inhaltsstoffe

3 Esslöffel Olivenöl
1 (14,5 Unzen) Dose gewürfelte Tomaten
4 Schellfischfilets
Salz nach Geschmack
½ kleine Zwiebel, in Scheiben geschnitten
1 Jalapeño, entkernt und gehackt
2 große Knoblauchzehen, gehackt
1 Aubergine, gewürfelt
1 Paprika, gewürfelt
1 Lorbeerblatt
½ Teelöffel getrocknetes Basilikum
¼ Tasse geschnittene grüne Oliven
¼ Tasse gehackter frischer Kerbel
3 Esslöffel Kapern

Wegbeschreibung

Den Fisch auf beiden Seiten mit Salz würzen und in den Kühlschrank stellen. Sauté drücken, Olivenöl erhitzen und Zwiebel, Aubergine, Paprika, Jalapeño und Knoblauch unter Rühren 5 Minuten lang anbraten. Tomaten, Lorbeerblatt, Basilikum und Oliven unterrühren. Den Fisch aus dem Kühlschrank nehmen und auf das Gemüse legen. 1 Tasse Wasser hinzugeben, den Deckel verschließen, Schnellkochtaste auf "Hoch" stellen und 5 Minuten einstellen.

Nach dem Kochen den Druck kurz ablassen; das Lorbeerblatt wegwerfen. Den Fisch auf eine Servierplatte geben und mit der Sauce übergießen. Zum Servieren mit Kerbel und Kapern bestreuen.

Gedämpfte Forelle mit Tomate und Oliven

Gesamtzeit: 25 Minuten | **Portionen**: 4

Inhaltsstoffe

2 Esslöffel Olivenöl
1 kleine rote Zwiebel, gewürfelt
2 Knoblauchzehen, gehackt
1 ½ Tassen gehackte Tomaten
1 Teelöffel Tomatenmark
1 Tasse Fischbrühe
Salz und schwarzer Pfeffer nach Geschmack
¼ Teelöffel rote Chiliflocken
¼ Teelöffel getrockneter Dill
¼ Teelöffel getrocknetes Basilikum
4 Forellenfilets
¼ Tasse Kalamata-Oliven, entkernt

Wegbeschreibung

Den Instant Pot auf Sauté stellen, das Olivenöl erhitzen und die Zwiebel 3 Minuten anbraten, bis sie weich ist. Knoblauch unterrühren, bis er duftet (30 Sekunden). Tomaten, Tomatenmark, Fischbrühe, Salz, Pfeffer, Dill und Basilikum hinzufügen. 3 bis 4 Minuten kochen lassen.

Forellen in die Tomatensauce legen und gut mit der Sauce bedecken. Den Deckel verschließen, Schnellkochstufe wählen und auf 2 Minuten einstellen. Nach dem Garen den Druck kurz ablassen. Den Fisch auf einen Teller geben und die Kalamata-Oliven in die Sauce rühren. 4 Minuten kochen lassen, bis die Sauce reduziert ist. Den Geschmack anpassen, die Sauce über den Fisch geben und warm servieren. Mit Chiliflocken garnieren.

Fusilli mit Rindfleisch und Senfkörnern

Gesamtzeit: 30 Minuten | **Portionen**: 4

Inhaltsstoffe

1 Esslöffel Olivenöl
Salz und schwarzer Pfeffer nach Geschmack
8 Unzen Fusilli-Nudeln
1 Pfund Rinderhackfleisch
½ mittlere braune Zwiebel, gewürfelt
2 Knoblauchzehen, gehackt
1 ½ Teelöffel getrocknete gemischte Kräuter
2 Tassen Rinderbrühe
1 (15-oz) Dose Tomatensauce
¾ Tasse Schlagsahne
1 Tasse Senfgras, gehackt
6 oz Monterey Jack, zerkleinert

Wegbeschreibung

Die Nudeln im Topf mit Salzwasser bedecken. Den Deckel verschließen, Druckkochen auf hoher Stufe wählen und die Zeit auf 4 Minuten einstellen. Den Druck kurz ablassen, die Nudeln abgießen und beiseite stellen. Stellen Sie Ihren Instant Pot auf Sauté. Öl erhitzen und das Rindfleisch 5 Minuten lang anbraten. Zwiebel, Knoblauch und gemischte Kräuter hinzugeben und 3 Minuten kochen. Brühe und Tomatensauce einrühren.

Verschließen Sie den Deckel, wählen Sie Druckgaren auf Hoch und stellen Sie 5 Minuten ein. Den Druck schnell ablassen. Sauté wählen. Nudeln, Sahne, Grünzeug, Salz, Pfeffer und Käse einrühren. Kochen, bis der Käse schmilzt und das Grünzeug welk wird. Servieren.

Cannellini-Bohnen-Rindfleisch-Suppe

Gesamtzeit: 35 Minuten | **Portionen**: 4

Inhaltsstoffe

2 Esslöffel Olivenöl
1 Tasse Grünkohl, zerkleinert
½ Pfund Rinderhackfleisch
1 Karotte, gehackt
1 Staudensellerie, gehackt
1 rote Zwiebel, gewürfelt
1 Knoblauchzehe, gehackt
1 Dose (14 oz) zerdrückte Tomaten
4 Tassen Rinderbrühe
1 Lorbeerblatt
½ Teelöffel getrockneter Oregano
½ Teelöffel getrocknetes Basilikum
¼ Teelöffel getrockneter Thymian
1 Dose (8-oz) Cannellini-Bohnen
½ Tasse Penne-Nudeln

Wegbeschreibung

Stellen Sie den Instant Pot auf Sautieren und erhitzen Sie das Olivenöl. Rindfleisch, Karotten, Sellerie, Zwiebeln und Knoblauch hinzugeben. 8 Minuten kochen, bis das Fleisch braun wird. Gewürze, Brühe und Tomaten einrühren. Den Deckel verschließen, Druckgaren wählen und auf 15 Minuten einstellen.

Nach dem Kochen den Druck schnell ablassen. Öffnen Sie den Deckel. Die Nudeln, den Grünkohl und die Bohnen einrühren. Verschließen Sie den Deckel und kochen Sie 4 Minuten lang auf Schnellkochstufe. Den Druck schnell ablassen. Das Lorbeerblatt entfernen und in Schüsseln servieren.

Knuspriger Schnapper in Orangen-Ingwer-Sauce

Gesamtzeit: 15 Minuten | **Portionen**: 4

Inhaltsstoffe

½ roter Scotch Bonnet-Pfeffer, gehackt
3 Esslöffel Olivenöl, aufgeteilt
½ Tasse glattes Mehl
4 rote Schnapperfilets
Salz und schwarzer Pfeffer nach Geschmack
2 grüne Zwiebeln, gewürfelt
3 Zweige Thymian, Blätter abgezupft
1 ½ Teelöffel pürierter Ingwer
1 Knoblauchzehe, gehackt
1 Tasse Hühnerbrühe
1 Orange, geschält und entsaften
1 Esslöffel Honig
4 Orangenscheiben zum Garnieren
1 Esslöffel gehackte Petersilie

Wegbeschreibung

Mehl auf einen flachen Teller schütten. Fisch mit Salz und Pfeffer würzen und leicht in Mehl wenden. Den Instant Pot auf Sauté stellen, 2 EL Olivenöl erhitzen und den Fisch 1 Minute lang goldgelb braten. Auf einen Teller geben. Den Innentopf reinigen. Das restliche Öl im Topf erhitzen und grüne Zwiebeln, Thymian, Ingwer, Knoblauch und Scotch Bonnet-Pfeffer 1 Minute lang anbraten. Brühe, Orangenschale, Orangensaft und Honig einrühren, 1 Minute lang erhitzen und den Fisch in die Sauce legen. Den Deckel schließen, Schnellkochen wählen und 1 Minute lang kochen. Nach dem Garen kurz loslassen. Mit Orangenscheiben und Petersilie garnieren. Servieren und genießen!

Limetten-Heilbutt & Butternusskürbis-Suppe

Gesamtzeit: 25 Minuten | **Portionen**: 4

Zutaten

3 Esslöffel Butter
1 Butternusskürbis, gewürfelt
1 Yukon-Gold-Kartoffel, gewürfelt
1 gelbe Zwiebel, gewürfelt
2 Knoblauchzehen, gehackt
1 Teelöffel pürierter Ingwer
2 Teelöffel Kurkumapulver
1 Teelöffel Chilipulver oder nach Geschmack
4 Tassen Hühnerbrühe
Salz und schwarzer Pfeffer nach Geschmack
4 Heilbuttfilets, gewürfelt
4 Esslöffel Sahne
1 Limette, entsaften
2 Esslöffel gehackter Koriander

Wegbeschreibung

Stellen Sie Ihren Instant Pot auf Sauté und schmelzen Sie die Butter. Kürbis, Kartoffel und Zwiebel anschwitzen, 5 Minuten. Knoblauch, Ingwer, Kurkuma und Chilipulver hinzufügen. 1 Minute unter Rühren anbraten. Hühnerbrühe, Salz, Pfeffer und Fisch hinzugeben.

Verschließen Sie den Deckel, wählen Sie Druckgaren auf Hoch und stellen Sie 12 Minuten ein. Nach dem Kochen den Druck kurz ablassen und den Deckel öffnen. Den Fisch in eine Schüssel geben und beiseite stellen. Mit einem Stabmixer die Zutaten pürieren, bis sie glatt sind; Sahne und Limettensaft einrühren. Den Fisch wieder in die Suppe geben, umrühren und in Schüsseln anrichten. Mit Koriander garnieren.

Selleriemuscheln mit Pancetta

Gesamtzeit: 25 Minuten **Portionen**: 4

Inhaltsstoffe

18 oz gehackte Muscheln in Dosen, abgetropft, Flüssigkeit vorbehalten
Salz nach Geschmack
2 dicke Scheiben Bauchspeck, gewürfelt
2 Stangen Staudensellerie, gewürfelt
1 Zwiebel, gewürfelt
1 Esslöffel Mehl
¼ Tasse Weißwein
1 Pastinake, in Würfel geschnitten
1 Teelöffel getrockneter Rosmarin
1 Lorbeerblatt
1 ½ Tassen Sahne
2 Esslöffel gehackter frischer Kerbel

Wegbeschreibung

Den Instant Pot auf Sauté stellen und den Pancetta 5 Minuten lang knusprig braten. Auf einem mit Küchenpapier ausgelegten Teller das Fett abtropfen lassen und beiseite stellen. In demselben Fett Sellerie und Zwiebel 2 Minuten lang anbraten. Das Mehl einrühren und mit dem Wein ablöschen. 1 Minute kochen oder bis er um ein Drittel reduziert ist.

1 Tasse Wasser, Muschelflüssigkeit, Pastinake, Salz, Rosmarin und Lorbeerblatt hinzugeben. Den Deckel verschließen, Druckkochen wählen und die Zeit auf 4 Minuten einstellen. Nach dem Kochen den Druck kurz ablassen. Muscheln und Sahne einrühren und 2 Minuten auf Sauté kochen. Das Lorbeerblatt entfernen. Den Bauchspeck darüber streuen und mit Kerbel garnieren und servieren.

SUPPEN UND EINTÖPFE

Forelle-Rettich-Eintopf

Gesamtzeit: 15 Minuten | **Portionen**: 4

Zutaten

4 Esslöffel Olivenöl, aufgeteilt
1 rote Zwiebel, in dünne Scheiben geschnitten
4 Knoblauchzehen, gehackt
½ Tasse trockener Weißwein
8 oz Flasche Muschelsaft
2 ½ Tassen Hühnerbrühe
½ lb Radieschen, gewürfelt
1 (15 Unzen) Dose gewürfelte Tomaten
Salz und schwarzer Pfeffer nach Geschmack
¼ Teelöffel rote Chiliflocken
4 Forellenfilets, in Würfel geschnitten
1 Zitrone, entsaftet

Wegbeschreibung

Stellen Sie Ihren Instant Pot auf Sautieren. Das Olivenöl erhitzen und die Zwiebel und den Knoblauch 3 Minuten lang anbraten, bis sie weich sind. Mit dem Weißwein ablöschen und um ein Drittel einkochen lassen. Muschelsaft, Hühnerbrühe, Radieschen, Tomaten, Salz, Pfeffer und rote Chiliflocken hinzufügen. Gut umrühren und den Fisch hinzugeben.

Verschließen Sie den Deckel, wählen Sie Druckgaren auf hoher Stufe und stellen Sie die Zeit auf 3 Minuten ein. Nach dem Kochen den Druck kurz ablassen und den Deckel öffnen. Umrühren und den Geschmack mit Salz und Pfeffer anpassen. Zitronensaft untermischen. Warm servieren und genießen!

Rindergulasch mit Rotwein

Gesamtzeit: 50 Minuten | **Portionen**: 4

Inhaltsstoffe

2 Pfund Rinderschmorbraten, Fett abgetrennt, gewürfelt
1 lb rote Kartoffeln, in Stücke geschnitten
3 Esslöffel Olivenöl
½ Tasse Weißmehl
Salz und Pfeffer nach Geschmack
2 Lorbeerblätter
2 Knoblauchzehen, gehackt
1 Esslöffel Tomatenmark
3 Möhren, geschält und in Stücke geschnitten
½ Tasse Rotwein
½ Fenchelknolle, in Scheiben geschnitten
1 Zwiebel, gewürfelt
2 ½ Tassen Rinderbrühe
¼ Tasse gehackte Petersilie

Wegbeschreibung

Das Rindfleisch mit Salz und Pfeffer würzen, dann in Mehl wälzen. Den Instant Pot auf Sauté stellen, das Olivenöl erhitzen und das Rindfleisch insgesamt 8 Minuten braten; in eine Schüssel geben. Den Wein einrühren und kochen, bis er um die Hälfte reduziert ist, dabei die Reste am Boden abkratzen.

Fleisch zurückgeben und Zwiebel, Knoblauch, Lorbeerblätter, Karotten, Fenchel, Kartoffeln, Tomatenmark und Brühe hinzufügen. Den Deckel verschließen, Schnellkochen wählen und 20 Minuten kochen. Wenn das Fleisch gar ist, 10 Minuten lang abkühlen lassen. Petersilie unterrühren. Servieren.

Hühnersuppe mit Tortilla-Chips

Gesamtzeit: 30 Minuten | **Portionen**: 4

Zutaten

2 Esslöffel Olivenöl
4 Tassen Wasser
3 Unzen Tomatenmark
2 Teelöffel Taco-Gewürz
1 Teelöffel Chilipulver
½ Esslöffel gemahlener Kreuzkümmel
Salz und schwarzer Pfeffer nach Geschmack
1 Knoblauchzehe, gehackt
1 Zwiebel, gewürfelt
2 Stangen Staudensellerie, zerkleinert
1 Hühnerbrust, gewürfelt
2 Teelöffel frischer Limettensaft
Gebrochene Tortilla-Chips zum Garnieren
4 Radieschen, in Scheiben geschnitten
½ Bund Koriander, gehackt

Wegbeschreibung

Den Instant Pot auf Sauté stellen, das Olivenöl erhitzen und Zwiebel, Knoblauch, Hähnchen, Sellerie, Salz und Pfeffer 5-6 Minuten braten, bis das Hähnchen nicht mehr rosa ist, dabei gelegentlich umrühren. Taco-Gewürz, Chili, gemahlenen Kreuzkümmel und Tomatenmark einrühren, dann das Wasser dazugeben.

Verschließen Sie den Deckel, wählen Sie Schnellkochen auf Hoch und kochen Sie 15 Minuten lang. Nach der Garzeit den Druck schnell ablassen. Den Deckel öffnen und den Limettensaft einrühren. Mit Radieschen, Koriander und Tortilla-Chips garnieren und servieren.

Maismehl-Schweinefleisch-Suppe

Gesamtzeit: 25 Minuten | **Portionen**: 4

Inhaltsstoffe

2 Esslöffel Olivenöl
½ Pfund Schweinehackfleisch
Salz und schwarzer Pfeffer nach Geschmack
½ Teelöffel Chilipulver
1 Teelöffel Korianderpulver
1 weiße Zwiebel, in dünne Scheiben geschnitten
½ Bund Koriander, gehackt
4 Tassen Hühnerbrühe
1 Tasse gehackte Tomaten
1 (28 oz) Dose Maismehl, abgespült
1 Zitrone, entsaftet
4 Radieschen, in Scheiben geschnitten für den Belag

Wegbeschreibung

Den Instant Pot auf Sauté stellen und das Olivenöl erhitzen. Das Schweinefleisch mit Salz, Pfeffer, Chili- und Korianderpulver würzen und 5 Minuten im Topf anbraten. Zwiebel und Koriander hinzugeben und 3 Minuten mitbraten. Mit Brühe, Tomaten und Maismehl aufgießen und umrühren.

Verschließen Sie den Deckel, stellen Sie den Druckkochmodus auf "Hoch" und die Zeit auf 10 Minuten ein. Nach dem Kochen den Druck kurz ablassen. Zitronensaft einrühren; mit Salz und Pfeffer abschmecken. Das Essen in Servierschalen geben und mit Radieschen garnieren. Servieren.

Kreuzkümmel-Kartoffel-Suppe mit Erdnüssen

Gesamtzeit: 20 Minuten | **Portionen**: 4

Inhaltsstoffe

2 Esslöffel Olivenöl
1 große braune Zwiebel, gewürfelt
4 Knoblauchzehen, gehackt
2 Esslöffel Ingwerpüree
Salz und schwarzer Pfeffer nach Geschmack
2 Teelöffel Kreuzkümmelpulver
¼ Teelöffel Cayennepfeffer
1 ½ Pfund russische Kartoffeln, gewürfelt
1 Tasse zerdrückte Tomaten
½ Tasse cremige Erdnussbutter
4 Tassen Hühnerbrühe
2 Esslöffel gehackter Koriander
3 Esslöffel geröstete Erdnüsse, gehackt

Wegbeschreibung

Den Instant Pot auf Sauté stellen, das Olivenöl erhitzen und die Zwiebel 3 Minuten anbraten, bis sie weich ist. Knoblauch, Ingwer, Salz, Pfeffer, Kreuzkümmel- und Cayennepulver unterrühren und 1 Minute lang kochen, bis sie duften. Kartoffeln, Tomaten, Erdnussbutter und Brühe hinzugeben und gut vermischen. Schließen Sie den Deckel, wählen Sie Druckkochen auf hoher Stufe und stellen Sie die Zeit auf 8 Minuten ein. Nach dem Kochen den Druck kurz ablassen. Öffnen Sie den Deckel. Pürieren Sie die Zutaten mit einem Stabmixer, bis sie glatt sind. Mit Salz und Pfeffer abschmecken. Die Suppe in einzelne Schüsseln füllen und mit Koriander und Erdnüssen garnieren. Heiß servieren.

Rinderhackfleisch-Farfalle-Suppe

Gesamtzeit: 25 Minuten | **Portionen:** 6

Inhaltsstoffe

2 Esslöffel Olivenöl
1 gelbe Zwiebel, gewürfelt
2 Knoblauchzehen, gehackt
1 grüne Paprikaschote, gewürfelt
½ Pfund Rinderhackfleisch
2 (14,5 Unzen) Dosen gewürfelte Tomaten
6 Tassen Rinderbrühe
½ Teelöffel getrocknetes Basilikum
¼ Teelöffel getrockneter Oregano
½ Teelöffel getrockneter Thymian
Salz und schwarzer Pfeffer, nach Geschmack
8 Unzen Farfalle-Nudeln
1 Tasse Ricotta-Käse
1 Tasse zerkleinerter Mozzarella

Wegbeschreibung

Stellen Sie Ihren Instant Pot auf Sauté und erwärmen Sie das Olivenöl. Zwiebel, Knoblauch, Paprika und Rinderhackfleisch 5 Minuten lang anbraten. Tomaten, Brühe, Basilikum, Oregano, Thymian, Salz und schwarzen Pfeffer einrühren. Die Farfalle hineingeben und umrühren.

Verschließen Sie den Deckel, wählen Sie Schnellkochen auf Hoch und stellen Sie die Zeit auf 4 Minuten ein. Nach der Zubereitung 10 Minuten lang auf natürliche Weise abkühlen lassen. Den Deckel öffnen und in Schüsseln mit Ricotta und Mozzarella servieren.

Brokkoli-Suppe mit Ingwer und Mandeln

Gesamtzeit: 20 Minuten | **Portionen**: 4

Inhaltsstoffe

1 Avocado, halbiert, entkernt und geschält
1 Esslöffel Butter
3 Knoblauchzehen, gehackt
1 Esslöffel frische Ingwerpaste
1 Teelöffel Kurkuma
1 Teelöffel Kreuzkümmelpulver
1 Kopf Brokkoli, in Röschen geschnitten
4 Tassen Hühnerbrühe
Salz und schwarzer Pfeffer nach Geschmack
1 Tasse Kokosnussmilch
¼ Tasse gehobelte Mandeln

Wegbeschreibung

Den Topf auf Sauté stellen, Butter schmelzen und Knoblauch, Ingwer, Kurkuma und Kreuzkümmel 1 Minute lang anbraten, bis sie duften. Brokkoli und Brühe hinzugeben und mit Salz und Pfeffer würzen. Den Deckel schließen, Schnellkochen wählen und die Zeit auf 2 Minuten einstellen.

Nach dem Kochen 10 Minuten lang auf natürliche Weise abkühlen lassen. Den Deckel abnehmen, die Avocado hinzufügen und die Zutaten mit einem Stabmixer pürieren, bis sie glatt sind. Kokosmilch unterrühren, abschmecken und in Schüsseln schöpfen. Zum Servieren mit Mandeln garnieren.

Minestrone-Suppe köcheln lassen

Gesamtzeit: 20 Minuten | **Portionen**: 4

Inhaltsstoffe

1 Esslöffel Olivenöl
3 Knoblauchzehen, gehackt
4 Tassen Hühnerbrühe
1 Tasse Ditalini-Nudeln
2 Zucchinis, in Stücke geschnitten
½ Pfund Spargel, schräg in Scheiben geschnitten
1 Lauch, geputzt und in Scheiben geschnitten
¾ Tasse gefrorene Erbsen
½ Tasse Pinto-Bohnen aus der Dose
1 Tasse gehackter Grünkohl
½ Zitrone, Saft
Salz und schwarzer Pfeffer nach Geschmack
¼ Tasse gehackte Petersilie
1 Tasse zerbröckelter Ziegenkäse

Wegbeschreibung

Den Instant Pot auf Sauté stellen, das Öl erhitzen und den Knoblauch 30 Sekunden lang anbraten, bis er duftet. Mit Brühe und Nudeln aufgießen. Zucchini, Spargel, Lauch, Erbsen und Pinto-Bohnen unterrühren. Den Deckel schließen, Schnellkochen wählen und die Zeit auf 5 Minuten einstellen.

Nach dem Kochen den Druck kurz ablassen. Den Deckel öffnen, auf Sauté stellen und Grünkohl und Zitronensaft einrühren; 3 Minuten lang welken lassen. Den Geschmack anpassen. Petersilie untermischen und die Suppe in Servierschalen schöpfen. Mit Ziegenkäse garnieren und servieren.

Gemischte Pilzsuppe mit Tofu

Gesamtzeit: 25 Minuten | **Portionen**: 4

Inhaltsstoffe

1 Teelöffel Sesamöl
6 Tassen Hühnerbrühe
2 Tassen gemischte Champignons, in Scheiben geschnitten
¼ Tasse Weißweinessig
¼ Tasse Sojasauce
2 Teelöffel Ingwerpaste
2 Teelöffel Knoblauchpaste
1 Teelöffel Chilipaste
¼ Tasse Speisestärke
2 große Eier, verquirlt
8 Unzen fester Tofu, in Würfel geschnitten
4 Frühlingszwiebeln, in dünne Scheiben geschnitten

Wegbeschreibung

Hühnerbrühe (¼ Tasse zurückbehalten), Champignons, Essig, Sojasauce, Ingwer, Knoblauch und Chilipaste in den Instant Pot geben. Den Deckel verschließen, Druckgaren auf hoher Stufe wählen und auf 2 Minuten einstellen. Nach dem Garen 10 Minuten lang abkühlen lassen. Öffnen Sie den Deckel und drücken Sie Sauté.

In einer Schüssel die reservierte Hühnerbrühe mit Maisstärke vermischen und in die Suppe einrühren. Die Eier in einem dünnen Strahl unter Rühren in die Suppe gießen, so dass dünne Eierbänder entstehen. Tofu, die Hälfte der Frühlingszwiebeln und Sesamöl untermischen. Weitere 2-3 Minuten kochen lassen. Die Suppe in Schalen füllen und mit den restlichen Frühlingszwiebeln garnieren.

Schweizer Käseeintopf mit Nudeln

Gesamtzeit: 30 Minuten | **Portionen**: 4

Inhaltsstoffe

1 Tasse Champignons, ohne Stiele
2 Esslöffel Olivenöl
8 Unzen Garganelli-Nudeln
1 (12-oz) Dose Kondensmilch
1 großes Ei
1 ½ Teelöffel Pfeilwurzelstärke
8 Unzen Schweizer Käse, geraspelt
3 Esslöffel saure Sahne
3 Esslöffel geriebener Cheddar-Käse

Wegbeschreibung

Den Instant Pot auf Sauté stellen, das Öl erhitzen und die Pilze 5 Minuten lang anbraten; auf einen Teller geben. Die Nudeln in den Topf geben und die Hälfte der Kondensmilch und 3 Tassen Wasser hinzufügen.

Verschließen Sie den Deckel, wählen Sie Schnellkochen und stellen Sie die Kochzeit auf 4 Minuten ein. Wenn Sie fertig sind, lassen Sie 10 Minuten lang einen natürlichen Druckablass zu. Öffnen Sie vorsichtig den Deckel.

In einer Schüssel die restliche Milch mit dem Ei verquirlen. In einer anderen Schüssel die Pfeilwurzel mit dem Schweizer Käse vermischen. Milch-Ei-Stärke-Mischung in den Topf gießen. Champignons und saure Sahne untermischen. Mit Cheddar-Käse bestreuen. Die Suppe in einzelne Schüsseln füllen und servieren.

Pikante Rote-Paprika-Suppe

Gesamtzeit: 30 Minuten | **Portionen**: 4

Zutaten

2 Esslöffel Butter
1 Pfund rote Paprikaschoten, gewürfelt
½ rote Zwiebel, gewürfelt
5 Knoblauchzehen
1 Teelöffel getrocknetes Basilikum
¼ Teelöffel geräucherter Paprika
4 Tassen Hühnerbrühe
2 Teelöffel Sriracha-Sauce
Salz und schwarzer Pfeffer nach Geschmack
¼ Tasse Schlagsahne
1 Tasse geriebener Parmesankäse

Wegbeschreibung

Den Instant Pot auf Sauté stellen, Butter schmelzen und Paprika und Zwiebel 5 Minuten lang anbraten, bis sie weich sind. Knoblauch, Basilikum und Paprika einrühren. 30 Sekunden lang kochen, bis es duftet. Hühnerbrühe, Sriracha-Sauce, Salz und schwarzen Pfeffer hinzufügen.

Verschließen Sie den Deckel, wählen Sie Schnellkochen auf Hoch und stellen Sie die Zeit auf 3 Minuten ein. 10 Minuten lang eine natürliche Entspannung zulassen. Die Suppe mit einem Stabmixer pürieren, bis sie glatt ist. Schlagsahne unterrühren. Warm servieren und mit Parmesan bestreuen.

Zucchini-Lauch-Suppe mit Ziegenkäse

Gesamtzeit: 25 Minuten | **Portionen**: 4

Inhaltsstoffe

1 Esslöffel Olivenöl
1 weiße Zwiebel, gewürfelt
1 Stange Lauch, gehackt
3 große Zucchinis, in Stücke geschnitten
2 Knoblauchzehen, gehackt
1 Teelöffel getrocknetes Basilikum
½ Teelöffel getrockneter Rosmarin
1 Teelöffel getrockneter Thymian
4 Tassen Gemüsebrühe
1 Tasse Kokosnusscreme
Salz und schwarzer Pfeffer nach Geschmack
1 Tasse zerbröckelter Ziegenkäse

Wegbeschreibung

Stellen Sie den Instant Pot auf Sauté, erhitzen Sie das Olivenöl und braten Sie Zwiebel, Lauch und Zucchini an, bis sie weich sind (5 Minuten). Knoblauch, Basilikum, Rosmarin und Thymian einrühren. 30 Sekunden lang kochen, bis es duftet. Brühe und Kokosnusscreme hinzufügen.

Verschließen Sie den Deckel, wählen Sie Schnellkochen auf Hoch und stellen Sie die Zeit auf 1 Minute ein. Nach dem Kochen 10 Minuten lang eine natürliche Entspannung zulassen. Den Deckel öffnen und die Zutaten mit einem Stabmixer pürieren, bis sie glatt sind. Mit Salz und Pfeffer abschmecken. Die Suppe in Schüsseln füllen und mit Ziegenkäse bestreuen.

Eintopf mit Wurst und roten Nieren

Gesamtzeit: 35 Minuten | **Portionen**: 4

Inhaltsstoffe

6 Scheiben Speck, gewürfelt
½ Pfund Kielbasa-Würste, in Scheiben geschnitten
1 Tasse gehackte Tomaten
2 rote Paprikaschoten, gewürfelt
1 rote Zwiebel, gewürfelt
1 Tasse rote Kidneybohnen, eingeweicht
3 Tassen Hühnerbrühe
1 Teelöffel Honig
1 Tasse Ketchup
1 Esslöffel Worcestershire-Sauce
1 Teelöffel Senfpulver

Wegbeschreibung

Den Instant Pot auf Sauté stellen und den Speck anbraten, bis er braun und knusprig ist (5 Minuten); auf einen Teller legen. Würstchen in den Topf geben und auf beiden Seiten 5 Minuten anbraten. Neben dem Speck beiseite stellen.

Den Topf innen auswischen und Paprika, Zwiebel, Kidneybohnen, Hühnerbrühe, Honig, Ketchup, Worcestershire-Sauce und Senfpulver vermischen.

Verschließen Sie den Deckel, wählen Sie Druckgaren auf hoher Stufe und stellen Sie die Zeit auf 10 Minuten ein. Nach dem Kochen den Druck kurz ablassen. Speck und Würstchen einrühren und 5 Minuten lang im Sauté-Modus köcheln lassen. Den Eintopf mit Brot oder gekochtem weißen Reis servieren.

NUDELN & BEILAGEN

Wildreis-Pilaw mit Speck und Paprika

Gesamtzeit: 35 Minuten | **Portionen**: 4

Inhaltsstoffe

1 Esslöffel Olivenöl
2 Scheiben Speck, gewürfelt
1 Zwiebel, gewürfelt
1 Stangensellerie, fein gehackt
1 Tasse Wildreis
4 geröstete Paprikastreifen
2 Tassen Hühnerbrühe
4 Knoblauchzehen, gehackt
½ Teelöffel getrockneter Thymian
½ Teelöffel gemahlene Muskatnuss
2 Esslöffel Petersilie, gehackt
Salz und schwarzer Pfeffer nach Geschmack

Wegbeschreibung

Stellen Sie Ihren Instant Pot auf Sauté und erhitzen Sie das Olivenöl. Zwiebel, Knoblauch, Speck und Sellerie hinzugeben und 5 Minuten lang anbraten. Den Wildreis, Thymian, Muskatnuss, Salz und Pfeffer 1 Minute lang unterrühren. Mit der Hühnerbrühe aufgießen und umrühren.

Verschließen Sie den Deckel, wählen Sie Schnellkochen und stellen Sie 10 Minuten ein. Wenn der Reis fertig ist, 10 Minuten lang auf natürliche Weise abkühlen lassen. Den Reis mit einer Gabel auflockern. Auf einen Teller geben und die roten Paprikastreifen darauf anrichten. Mit Petersilie bestreuen und servieren.

Gemischte Quinoa & Reis mit Champignons

Gesamtzeit: 35 Minuten | **Portionen**: 4

Inhaltsstoffe

1 Tasse gemischter Quinoa und brauner Reis
2 Esslöffel Olivenöl
1 Esslöffel Butter
1 Zwiebel, gewürfelt
2 Knoblauchzehen, gehackt
2 Babymöhren, gehackt
½ Fenchelknolle, gehackt
1 Tasse Champignons, in Scheiben geschnitten
2 Tassen Gemüsebrühe
½ Tasse Parmesanspäne
Salz und schwarzer Pfeffer nach Geschmack

Wegbeschreibung

Stellen Sie Ihren Instant Pot auf Sauté und erhitzen Sie das Öl. Zwiebel, Knoblauch, Karotten, Fenchel und Pilze hineingeben und 5 Minuten lang anbraten, bis sie weich sind. Quinoa, braunen Reis und Reis für 1 Minute unterrühren. Mit der Brühe aufgießen und umrühren, um den Boden des Topfes abzulöschen. Mit Salz und Pfeffer abschmecken. Schließen Sie den Deckel und wählen Sie Druckkochen. Stellen Sie die Kochzeit auf 12 Minuten auf höchster Stufe ein. Nach der Garzeit 10 Minuten lang abkühlen lassen. Den Deckel vorsichtig öffnen und die Butter zum Schmelzen einrühren. Die Parmesanspäne darüber streuen und warm zu den Schweinekoteletts servieren. Guten Appetit!

Gemelli mit Spargel und Zuckerschoten

Gesamtzeit: 15 Minuten | **Portionen**: 4

Inhaltsstoffe

3 Esslöffel Butter
16 Unzen Gemelli-Nudeln
1 Kopf Brokkoli, in Röschen geschnitten
¼ lb Spargel, nur Stangen
2 Zucchinis, in Stücke geschnitten
¼ Tasse Zuckererbsen
3 Esslöffel Gemüsebrühe
¼ Tasse Schlagsahne
2 Esslöffel gehackte Petersilie
Eine Prise Muskatnusspulver
Salz und schwarzer Pfeffer nach Geschmack
2 Esslöffel gehobelter Parmesankäse

Wegbeschreibung

Geben Sie Gemelli-Nudeln, 6 Tassen Wasser und Salz in Ihren Instant Pot. Einen Dämpfkorb über die Nudeln setzen und Brokkoli, Spargel, Zucchini und Erbsen hinzufügen. Verschließen Sie den Deckel, wählen Sie Dämpfen auf höchster Stufe und stellen Sie die Zeit auf 3 Minuten ein. Nach dem Garen den Druck kurz ablassen. Den Dämpfkorb mit dem Gemüse herausnehmen. Nudeln durch ein Sieb abgießen. Beiseite stellen.

Den inneren Topf abwischen und auf Sauté stellen. Butter schmelzen und gedünstetes Gemüse 2 Minuten lang anbraten. Brühe hinzufügen und Sahne einrühren, bis sie erhitzt ist. Petersilie, Muskatnuss, Salz und Pfeffer einrühren. Die Aromen 1 Minute lang einwirken lassen. Die Nudeln dazugeben und gut durchschwenken. Mit Parmesankäse bestreuen und servieren.

Reichhaltige Garnele Fra Diavolo

Gesamtzeit: 15 Minuten | **Portionen**: 4

Zutaten

2 Esslöffel Olivenöl
2 Esslöffel ungesalzene Butter
3 Knoblauchzehen, gehackt
2 grüne Zwiebeln, gewürfelt
½ Teelöffel rote Paprikaflocken
Salz und schwarzer Pfeffer nach Geschmack
16 Unzen Linguine
1 Pfund Garnelen, geschält und entdarmt
1 Bund Spargel, in Stücke geschnitten
1 Zitrone, geschält und entsaften
¼ Tasse Petersilienblätter

Wegbeschreibung

Den Instant Pot auf Sauté stellen, das Olivenöl erhitzen und den Knoblauch und die grünen Zwiebeln 1 Minute lang anbraten, bis sie duften und weich werden. Mit roten Flocken, Salz und Pfeffer würzen und 1 Minute weiterbraten. 5 Tassen Wasser, Linguine und Butter hinzugeben und umrühren.

Verschließen Sie den Deckel, wählen Sie Druckgaren auf hoher Stufe und stellen Sie die Zeit auf 4 Minuten ein. Nach dem Kochen den Druck kurz ablassen. Krabben und Spargel darauf anrichten. Schließen Sie den Deckel, wählen Sie Druckgaren auf höchster Stufe und stellen Sie die Zeit auf 2 Minuten. Schnell den Druck ablassen und den Deckel öffnen. Zitronenschale, -saft und Petersilie hinzufügen und umrühren. Den Geschmack anpassen und servieren.

Safran-Tagliatelle mit Sahnesoße

Gesamtzeit: 15 Minuten | **Portionen**: 4

Inhaltsstoffe

1 Esslöffel Olivenöl
2 Esslöffel Butter
16 Unzen Tagliatelle
1 braune Zwiebel, gewürfelt
2 Knoblauchzehen, gehackt
2 Teelöffel Speisestärke
2 Becher Schlagsahne
½ Teelöffel Safranpulver
1 Eigelb
½ Zitrone, Saft
Salz und schwarzer Pfeffer nach Geschmack

Wegbeschreibung

Die Tagliatelle, 6 Tassen Wasser und Salz in den Instant Pot geben. Schließen Sie den Deckel, wählen Sie Druckgaren auf hoher Stufe und stellen Sie die Zeit auf 3 Minuten ein. Nach dem Kochen den Druck kurz ablassen. Die Nudeln durch ein Sieb abgießen. Beiseite stellen.

Den Innentopf abwischen und auf Sautieren stellen. Olivenöl und Butter im Innentopf erhitzen und die Zwiebel 3 Minuten lang anbraten, bis sie weich ist. Knoblauch unterrühren, bis er duftet (30 Sekunden), die Speisestärke einrühren und 1 Minute lang kochen. Nach und nach die Sahne einrühren, bis alles gut vermischt ist, dann den Safran und das Eigelb einrühren. Unbedingt schnell rühren, damit das Ei nicht kocht. Zitronensaft, Salz, Pfeffer und dann die Nudeln unterrühren, bis alles gut vermischt ist. Warm servieren.

Cavatappi-Nudeln nach sizilianischer Art

Gesamtzeit: 30 Minuten | **Portionen**: 4

Inhaltsstoffe

½ Tasse gehobelter Parmigiano Reggiano
1 Esslöffel Olivenöl
4 Schalotten, gewürfelt
2 gehackte Knoblauchzehen
3 Tassen Champignons, in Scheiben geschnitten
½ Teelöffel getrocknete Petersilie
½ Teelöffel getrocknetes Basilikum
¼ Teelöffel getrockneter Oregano
¼ Teelöffel rote Paprikaflocken
2 Tassen Milch
¼ Tasse Mehl
16 Unzen Cavatappi-Nudeln
2 Tassen tiefgekühlte Erbsen, aufgetaut
1 Tasse Pinto-Bohnen aus der Dose

Wegbeschreibung

Stellen Sie Ihren Instant Pot auf Sauté und erhitzen Sie das Olivenöl. Champignons, Knoblauch, Petersilie, Basilikum, Oregano, rote Flocken und Schalotten hineingeben und 5 Minuten kochen, bis sie weich sind. 3 Tassen Wasser, Milch und Mehl einrühren. Die restlichen Zutaten mit Ausnahme der Parmesanspäne und der Pintobohnen unterrühren.

Verschließen Sie den Deckel, wählen Sie Druckgaren auf hoher Stufe und stellen Sie 8 Minuten ein. Danach 10 Minuten lang auf natürliche Weise abkühlen lassen. Pinto-Bohnen einrühren und kochen, bis alles auf Sauté erhitzt ist. Mit Parmigiano-Raspeln bestreuen und servieren.

Farfalle mit geräucherter Schalottenwurst

Gesamtzeit: 20 Minuten | **Portionen**: 4

Zutaten

1 lb geräucherte italienische Würste, in Scheiben geschnitten
1 Esslöffel Olivenöl
1 mittelgroße Zwiebel, gewürfelt
3 Knoblauchzehen, gehackt
5 Tassen Hühnerbrühe
1 (10 Unzen) Dose gewürfelte Tomaten
½ Tasse Schlagsahne
16 Unzen Farfalle
Salz und schwarzer Pfeffer nach Geschmack
1 ¼ Tassen geriebener Pepper Jack
4 Frühlingszwiebeln, gehackt zum Garnieren

Wegbeschreibung

Den Instant Pot auf Sauté stellen, Öl erhitzen und Würstchen und Zwiebel 4 Minuten lang anbraten, bis sie leicht gebräunt sind. Knoblauch hinzufügen und 30 Sekunden lang duftend kochen. Brühe, Tomaten, Sahne, Farfalle, Salz und Pfeffer hinzugeben. Den Deckel verschließen, Pressure Cooker auf hohe Stufe stellen und die Zeit auf 4 Minuten einstellen. Nach dem Kochen den Druck kurz ablassen. Den Topf auf Sauté stellen und mit Salz und Pfeffer abschmecken. Den Käse zu den Nudeln geben und mischen, bis er geschmolzen ist. Zum Servieren mit Frühlingszwiebeln garnieren.

Kürbisnudeln mit Walnüssen

Gesamtzeit: 15 Minuten | **Portionen**: 4

Zutaten

2 Esslöffel Butter
16 oz Pasta-Nudeln
1 mittelgroße gelbe Zwiebel, gewürfelt
2 Knoblauchzehen, gehackt
2 Tassen Kürbispüree
4 Tassen Gemüsebrühe
Salz und schwarzer Pfeffer nach Geschmack
4 Unzen Frischkäse, erweicht
¼ Tasse Walnüsse, gehackt
¼ Teelöffel rote Chiliflocken
½ Teelöffel Muskatnusspulver
3 Esslöffel gehackte Petersilie

Wegbeschreibung

Nudeln, Zwiebel, Knoblauch, Kürbispüree, Brühe, Salz und Pfeffer in den Instant Pot geben. Schließen Sie den Deckel, wählen Sie Druckgaren auf hoher Stufe und stellen Sie die Zeit auf 5 Minuten ein. Nach dem Kochen den Druck kurz ablassen und den Deckel öffnen. Den Topf auf Sauté stellen und Butter, Frischkäse und die Hälfte der Walnüsse einrühren. Kochen, bis der Frischkäse schmilzt. Mit Salz, schwarzem Pfeffer, roten Chiliflocken und Muskatnusspulver abschmecken. Das Essen anrichten und mit Petersilie garnieren. Servieren.

Spaghetti Carbonara mit Brokkoli

Gesamtzeit: 25 Minuten | **Portionen**: 4

Inhaltsstoffe

1 Esslöffel Butter
1 Pfund Spaghetti
1 Kopf Brokkoli, in Röschen geschnitten
1 Knoblauchzehe, zerdrückt
Salz und schwarzer Pfeffer nach Geschmack
4 Eier
8 Unzen Speck
1 Tasse Pecorino-Käse, gerieben

Wegbeschreibung

Geben Sie Spaghetti, 4 Tassen Wasser und Salz in Ihren Instant Pot. Schließen Sie den Deckel, wählen Sie Druckgaren und stellen Sie die Zeit auf 5 Minuten ein. Wenn die Spaghetti gar sind, lassen Sie den Druck kurz ab. Die Nudeln mit einem gelochten Löffel in eine Schüssel geben. Legen Sie einen Dämpfeinsatz hinein und geben Sie den Brokkoli hinein. Den Deckel schließen und 4 Minuten auf höchster Stufe kochen. Wenn die Nudeln fertig sind, den Druck schnell ablassen.

Eier mit Käse und Pfeffer in einer Schüssel verquirlen. Den Topf sauber wischen. Auf Anbraten stellen und Speck und Knoblauch hinzugeben. 5 Minuten kochen, bis er knusprig ist; den Knoblauch wegwerfen und beiseite stellen. Butter hinzugeben, Nudeln wieder in den Topf geben und 30 Sekunden lang erhitzen.

Die Eimischung hinzugeben und rühren, bis die Eier zu einer Soße verdickt sind. Mit Brokkoli garnieren und servieren.

Butternusskürbis-Pasta mit Pancetta

Gesamtzeit: 15 Minuten | **Portionen**: 4

Inhaltsstoffe

4 Unzen Pancetta, gekocht und zerbröckelt
2 Esslöffel Olivenöl
1 (4 lb) Butternusskürbis
2 Esslöffel frischer Salbei, gehackt
5 Knoblauchzehen in Scheiben geschnitten
Salz nach Geschmack
¼ Teelöffel Muskatnuss
1 Tasse Gruyere-Käse, gerieben

Wegbeschreibung

Den Instant Pot auf Sauté stellen und das Öl erhitzen. Salbei und Knoblauch hineingeben und braten, bis der Salbei knusprig ist (2 Minuten); beiseite stellen. Den Butternusskürbis der Länge nach halbieren und entkernen. Den Topf innen sauber wischen. 1 Tasse Wasser hineingießen und einen Untersetzer hineinstellen. Den Butternusskürbis auf den Untersetzer legen. Den Deckel verschließen, Druckgaren auf hoher Stufe wählen und die Zeit auf 3 Minuten einstellen.

Wenn Sie fertig sind, lassen Sie den Druck kurz ab. Den Deckel abnehmen und den Kürbis herausnehmen. Mit einer Gabel Spaghetti herstellen, indem der Kürbis der Länge nach eingeschabt wird; mit Salz würzen.

Die Salbeimischung darüber gießen und mit Muskatnuss bestreuen. Mit Gruyere-Käse und Pancetta bestreuen und servieren.

Spaghetti mit Parmesan und Kräutern

Gesamtzeit: 15 Minuten | **Portionen**: 4

Inhaltsstoffe

4 Esslöffel Olivenöl
16 Unzen Spaghetti
3 Knoblauchzehen, gehackt
3 Esslöffel gehacktes Basilikum
2 Esslöffel gehackter Oregano
2 Esslöffel gehackte Petersilie
Salz und schwarzer Pfeffer nach Geschmack
½ Tasse geriebener Parmesankäse

Wegbeschreibung

Geben Sie Spaghetti, 6 Tassen Wasser und Salz in Ihren Instant Pot. Schließen Sie den Deckel, wählen Sie Druckgaren auf hoher Stufe und stellen Sie die Zeit auf 2 Minuten ein. Nach dem Kochen den Druck kurz ablassen und den Deckel öffnen. Die Nudeln durch ein Sieb abgießen. Beiseite stellen.

Den Topf auswischen und auf Sautieren stellen. 2 Esslöffel Olivenöl erhitzen und Knoblauch, Basilikum, Oregano und Petersilie darin anbraten. 1 Minute kochen lassen und die Spaghetti in der Soße schwenken. Mit Salz und Pfeffer würzen, mit Olivenöl beträufeln und mit Parmesan servieren.

Pikante Linguine mit Speck und Tomaten

Gesamtzeit: 25 Minuten | **Portionen**: 4

Inhaltsstoffe

2 Esslöffel Olivenöl
16 Unzen Linguine
4 Scheiben Speck, gewürfelt
1 weiße Zwiebel, gewürfelt
Salz und schwarzer Pfeffer nach Geschmack
Eine Prise rote Chiliflocken
1 (14-oz) Dose Tomatensauce
½ Tasse Hühnerbrühe
½ Tasse geriebener Parmesankäse

Wegbeschreibung

Nudeln, 6 Tassen Wasser und Salz in den Instant Pot geben. Verschließen Sie den Deckel, stellen Sie den Druckkochmodus auf Hoch und stellen Sie die Zeit auf 3 Minuten. Nach dem Kochen den Druck kurz ablassen und den Deckel öffnen. Die Nudeln durch ein Sieb abgießen und beiseite stellen.

Den inneren Topf reinigen und Sauté wählen. Speck hinzufügen und 5 Minuten lang braten, bis er braun und knusprig ist. Auf einen mit Papiertüchern ausgelegten Teller geben, um das Fett abtropfen zu lassen, und beiseite stellen. Das Olivenöl im Innentopf mit dem Speckfett erhitzen und die Zwiebel 3 Minuten lang anbraten, bis sie weich ist. Mit Salz, Pfeffer und Flocken würzen. Tomatensauce und Hühnerbrühe einrühren. Den Deckel verschließen, den Druckkochtopf auf hohe Stufe stellen und 3 Minuten lang kochen lassen. Nach dem Kochen den Druck kurz ablassen und den Deckel öffnen. Mit Salz und schwarzem Pfeffer abschmecken und die Nudeln einrühren, bis sie gut mit der Sauce bedeckt sind. Das Essen anrichten, mit Parmesankäse bestreuen und warm servieren.

Cremige Custards mit Schinken und Emmentaler

Gesamtzeit: 15 Minuten | **Portionen**: 4

Inhaltsstoffe

2 Scheiben Serrano-Schinken, der Breite nach halbiert
1 Esslöffel Olivenöl
4 große Eier
1 Unze Hüttenkäse
¼ Tasse halb und halb
¼ Tasse geriebener Emmentaler Käse
¼ Tasse karamellisierte Zwiebeln

Wegbeschreibung

Den Instant Pot auf Sauté stellen, das Olivenöl erhitzen und den Schinken unter gelegentlichem Wenden 2 Minuten braten; auf einen Teller nehmen. Die Innenseite von vier Auflaufformen mit dem Schinkenfett ausstreichen. Beiseite stellen. Die Eier mit dem Hüttenkäse und dem Halbfett verquirlen.

Emmentaler Käse unterrühren. Je ein Stück Schinken auf den Boden der Puddingtassen legen. Die Zwiebeln und die Eimischung auf die Tassen verteilen. 1 Tasse Wasser in den inneren Topf gießen und einen Untersetzer einsetzen. Die Auflaufförmchen darauf stellen. Verschließen Sie den Deckel, wählen Sie Druckkochen auf Hoch und stellen Sie 7 Minuten ein. Den Druck schnell ablassen. Vor dem Servieren abkühlen lassen.

BRÜHEN & SAUCEN

Lieblings-Schwarzbohnen-Sauce

Gesamtzeit: 45 Minuten | **Portionen**: 4

Inhaltsstoffe

1 Teelöffel Speisestärke, gemischt mit 3 Esslöffeln Wasser
2 Esslöffel Kokosnussöl
4 Knoblauchzehen, gehackt
2 Esslöffel Ingwerpaste
2 Frühlingszwiebeln, gewürfelt
1 ½ Tassen Hühnerbrühe
1 Tasse schwarze Bohnen, eingeweicht
2 Esslöffel Reiswein
1 Esslöffel Tamarindensauce
1 Teelöffel brauner Zucker
½ Teelöffel Reisessig

Wegbeschreibung

Den Topf auf Anbraten stellen, Kokosöl erhitzen und Knoblauch, Frühlingszwiebeln und Ingwer 2 Minuten lang anbraten, bis sie duften. Brühe, Bohnen, Reiswein, Tamarindensauce, Zucker und Essig einrühren. Den Deckel verschließen, Schnellkochtaste auf "Hoch" stellen und auf 25 Minuten einstellen.

Nach dem Kochen 10 Minuten lang einen natürlichen Druckablass durchführen. Den Deckel öffnen und mit einem Stabmixer pürieren, bis alles glatt ist. Auf Sauté drücken und den Brei einrühren, bis er eingedickt ist (2 Minuten). Die Sauce zum Servieren in eine Schüssel geben.

Weiße Basis-Sauce

Gesamtzeit: 15 Minuten | **Portionen**: 6

Zutaten

2 Esslöffel Butter
1 mittelgroße Zwiebel, gewürfelt
12 Knoblauchzehen, gehackt
1 Lorbeerblatt
1 Tasse Hühnerbrühe
6 schwarze Pfefferkörner
1 Tasse Vollmilch
¼ Tasse Weißbrotkrumen
2 Esslöffel Sahne
Eine Prise Muskatnusspulver
Salz und schwarzer Pfeffer nach Geschmack

Wegbeschreibung

Zwiebel, Knoblauch, Lorbeerblatt, Hühnerbrühe und Pfefferkörner in den Instant Pot geben. Verschließen Sie den Deckel, wählen Sie Druckgaren auf hoher Stufe und stellen Sie die Zeit auf 3 Minuten ein. Nach dem Kochen den Druck kurz ablassen. Öffnen Sie den Deckel und stellen Sie auf Sauté.

Die Mischung durch ein Sieb abseihen und die warme Flüssigkeit in den Topf zurückgeben. Milch und Semmelbrösel einrühren und 4 bis 5 Minuten weiterkochen. Butter, Sahne, Muskatnuss, Salz und Pfeffer einrühren. In Soßenschalen füllen und servieren.

Rinderknochenbrühe

Gesamtzeit: 100 Minuten | **Portionen**: 6

Zutaten

2 Pfund Rinderknochen
1 große gelbe Zwiebel, gewürfelt
2 Stangen Staudensellerie, zerkleinert
2 große Möhren, gehackt
4 Knoblauchzehen, zerdrückt
6 Zweige Thymian
6 Zweige Rosmarin
1 Esslöffel schwarze Pfefferkörner
2 Esslöffel weißer Essig

Wegbeschreibung

Ofen auf 380 F vorheizen. Rinderknochen, Zwiebeln, Sellerie, Karotten und Knoblauch auf einem Backblech verteilen und mit Kochspray besprühen. Im Ofen rösten, bis sie gebräunt sind, 45 Minuten. Die Rindfleischmischung in den Instant Pot geben und mit Thymian, Rosmarin, Pfefferkörnern, Essig und 8 Tassen Wasser auffüllen. Verschließen Sie den Deckel, wählen Sie Suppe/Brühe auf hoher Stufe und stellen Sie die Zeit auf 40 Minuten.

10 Minuten lang auf natürliche Weise abkühlen lassen. Den Deckel abnehmen und die Brühe durch ein feines Sieb in eine saubere Schüssel abseihen. Die Feststoffe entsorgen und die Flüssigkeit in Gläser füllen. Abdecken, abkühlen lassen und die Fettschicht entsorgen. Im Kühlschrank aufbewahren und bis zu 3 Monate aufbewahren.

Grüne Gemüsebrühe

Gesamtzeit: 30 Minuten | **Portionen**: 6

Inhaltsstoffe

1 große gelbe Zwiebel, gewürfelt
6 Stangen Staudensellerie, gewürfelt
1 Stange Lauch, grob gehackt
1 Tasse Spinat
4 große Möhren, gehackt
4 Knoblauchzehen, zerdrückt
1 Lorbeerblatt
6 Zweige Thymian
1 Esslöffel Petersilie, gehackt
1 Esslöffel Estragon, gehackt
1 Esslöffel schwarze Pfefferkörner
2 Esslöffel Weißweinessig
4 Tassen Kokosnusswasser
6 Tassen Wasser

Wegbeschreibung

Zwiebel, Sellerie, Lauch, Spinat, Karotten, Knoblauch, Lorbeerblatt, Thymian, Petersilie, Estragon, Pfefferkörner, Weißweinessig, Kokosnusswasser und Wasser in den Instant Pot geben. Verschließen Sie den Deckel, wählen Sie Suppe/Brühe auf Hoch und stellen Sie die Zeit auf 10 Minuten. Nach dem Garen 10 Minuten lang auf natürliche Weise abkühlen lassen. Öffnen Sie den Deckel. Die Brühe durch ein feines Sieb in eine saubere Schüssel abseihen. Die festen Bestandteile entsorgen und die Flüssigkeit in Gläser füllen. Abdecken und abkühlen lassen. Im Kühlschrank aufbewahren und bis zu 1 Monat aufbewahren.

Hühnerknochenbrühe

Gesamtzeit: 50 Minuten | **Portionen**: 6

Inhaltsstoffe

2 Pfund gebratene Hühnerkarkassen
1 große gelbe Zwiebel, gewürfelt
6 Stangen Staudensellerie, gewürfelt
4 große Möhren, gehackt
4 Knoblauchzehen, zerdrückt
6 Zweige Thymian
6 Zweige Rosmarin
1 Esslöffel ganze schwarze Pfefferkörner
2 Esslöffel weißer Essig

Wegbeschreibung

Hühnerkarkassen, Zwiebeln, Sellerie, Karotten, Knoblauch, Thymian, Rosmarin, Pfefferkörner, Essig und 8 Tassen Wasser in den Instant Pot geben. Verschließen Sie den Deckel, wählen Sie Suppe/Brühe auf hoher Stufe und stellen Sie die Einstellung auf 30 Minuten. 10 Minuten lang auf natürliche Weise abkühlen lassen. Die Brühe durch ein feines Sieb in eine saubere Schüssel abseihen. Die festen Bestandteile entsorgen und die Flüssigkeit in Gläser füllen. Abdecken und abkühlen lassen. Im Kühlschrank aufbewahren und bis zu 3 Monate aufbewahren.

Chili Marinara Sauce

Gesamtzeit: 35 Minuten | **Portionen**: 6

Inhaltsstoffe

4 Esslöffel Olivenöl
1 kleine weiße Zwiebel, gewürfelt
5 Knoblauchzehen, gehackt
8 Tassen Tomaten, zerkleinert
4 Esslöffel Tomatenmark
½ Tasse Rotwein
½ Tasse Wasser
Salz und schwarzer Pfeffer nach Geschmack
2 Teelöffel getrocknetes Basilikum
2 Teelöffel getrockneter Oregano
2 Esslöffel getrocknete Petersilie
2 Esslöffel italienisches Gewürz
1 Teelöffel Kristallzucker
1 Teelöffel rotes Chilipulver

Wegbeschreibung

Stellen Sie den Instant Pot auf Sauté, erhitzen Sie das Olivenöl und braten Sie die Zwiebel und den Knoblauch an, bis sie weich sind (3 Minuten). Tomaten, Tomatenmark, Rotwein, Wasser, Salz, Pfeffer, Basilikum, Oregano, Petersilie, italienische Gewürze, Zucker und Chili hinzugeben. Den Deckel verschließen, Schnellkochstufe wählen und die Zeit auf 25 Minuten einstellen. Nach dem Garen auf natürliche Weise abkühlen lassen. Abkühlen lassen. In Gläser füllen, abdecken und im Kühlschrank aufbewahren. Bis zu 5 Tage haltbar.

Italienische Nudelsoße

Gesamtzeit: 45 Minuten | **Portionen**: 6

Inhaltsstoffe

2 Esslöffel Olivenöl
2 Esslöffel Butter
1 Pfund Rinderhackfleisch
1 kleine weiße Zwiebel, gewürfelt
5 Knoblauchzehen, gehackt
6 Tassen gehackte Tomaten
4 Esslöffel Tomatenmark
2 Tassen Tomatenketchup
½ Tasse Rotwein
2 Teelöffel getrockneter Oregano
2 Esslöffel getrocknete Petersilie
2 Esslöffel italienisches Gewürz
Salz und schwarzer Pfeffer nach Geschmack
2 Esslöffel Ahornsirup

Wegbeschreibung

Den Instant Pot auf Sauté stellen, Olivenöl und Butter erhitzen und das Rindfleisch 5 Minuten lang anbraten. Zwiebel hinzufügen und anbraten, bis sie weich ist, 3 Minuten. Knoblauch unterrühren und 30 Sekunden lang kochen, bis er duftet. Tomaten, Tomatenmark und Ketchup, Wein, ½ Tasse Wasser, Oregano, Petersilie, italienische Gewürze, Salz, Pfeffer und Ahornsirup hinzugeben. Den Deckel verschließen. Wählen Sie Druckgaren und stellen Sie die Zeit auf 25 Minuten ein. Nach dem Garen 10 Minuten lang auf natürliche Weise abkühlen lassen; den Deckel öffnen. Die Soße umrühren, den Instant Pot ausschalten und abkühlen lassen. In Gläser abfüllen, abdecken und im Kühlschrank aufbewahren. Bis zu 5 Tage haltbar.

Basilikum-Gemüsebrühe

Gesamtzeit: 30 Minuten | **Portionen**: 4

Zutaten

1 große gelbe Zwiebel, gewürfelt
6 Stangen Staudensellerie, gewürfelt
4 große Tomaten
4 große Möhren, gehackt
4 Knoblauchzehen, zerdrückt
1 Lorbeerblatt
6 Zweige frischer Oregano
1 kleiner Strauß Basilikumblätter
1 Esslöffel schwarze Pfefferkörner
2 Esslöffel Apfelessig
6 Tassen Hühnerbrühe
2 Tassen Wasser

Wegbeschreibung

Zwiebel, Sellerie, Tomaten, Karotten, Knoblauch, Lorbeerblatt, Oregano, Basilikum, Pfefferkörner, Apfelessig, Hühnerbrühe und Wasser in den Instant Pot geben. Verschließen Sie den Deckel, wählen Sie Suppe/Brühe auf hoher Stufe und stellen Sie die Zeit auf 10 Minuten. Nach dem Kochen 10 Minuten lang auf natürliche Weise abkühlen lassen. Öffnen Sie den Deckel. Die Brühe durch ein feines Sieb in eine saubere Schüssel abseihen. Die festen Bestandteile entsorgen und die Flüssigkeit in Gläser füllen. Abdecken und abkühlen lassen. Im Kühlschrank aufbewahren und bis zu 2 Monate aufbewahren.

Curry-Ingwer-Brühe

Gesamtzeit: 50 Minuten | **Portionen**: 4

Zutaten

2 Esslöffel schwarze Pfefferkörner
1 Esslöffel Kreuzkümmelsamen
2 Esslöffel Koriandersamen
1 Esslöffel Kurkuma
15 Curryblätter, zerrissen
1-Zoll-Finger Ingwer, in Scheiben geschnitten
2 grüne Chilis, gewürfelt
2 gelbe Zwiebeln, gewürfelt
6 Knoblauchzehen, gehackt
¼ Tasse weißer Essig
6 Tassen Hühnerbrühe

Wegbeschreibung

Den Instant Pot auf Sauté stellen und Pfefferkörner, Kreuzkümmel, Koriandersamen, Kurkuma und Curryblätter hinzufügen. 2 Minuten lang rösten, bis sie duften. Ingwer, grüne Chilis, Zwiebeln, Knoblauch, weißen Essig, Brühe und 2 Tassen Wasser einrühren. Verschließen Sie den Deckel, wählen Sie Suppe/Brühe auf hoher Stufe und stellen Sie die Einstellung auf 30 Minuten. Nach dem Kochen 10 Minuten lang auf natürliche Weise abkühlen lassen.

Den Deckel abnehmen und die Brühe durch ein feines Sieb in eine saubere Schüssel abseihen. Die festen Bestandteile wegwerfen. Die Flüssigkeit in Gläser füllen. Im Kühlschrank aufbewahren und bis zu 3 Monate aufbewahren.

Dijon-Pfefferkorn-Sauce

Gesamtzeit: 15 Minuten | **Portionen**: 4

Inhaltsstoffe

3 Esslöffel schwarze Pfefferkörner, zerstoßen
3 Esslöffel Butter
2 Teelöffel geräucherter Paprika
1 Teelöffel Dijon-Senf
1 Schalotte, gehackt
½ Tasse Brandy
1 Tasse Rinderbrühe
¼ Tasse Schlagsahne
Salz nach Geschmack

Wegbeschreibung

Den Instant Pot auf Sauté stellen und die Pfefferkörner rösten, bis sie duften (1 Minute). Butter hinzufügen und schmelzen lassen. Paprika und Schalotte einrühren und 2-3 Minuten kochen. Brandy und Rinderbrühe hinzugeben. Den Deckel verschließen und Druckgaren auf hoher Stufe wählen. Die Garzeit auf 5 Minuten einstellen. Nach dem Garen den Deckel öffnen. Schwere Sahne und Senf mit dem Schneebesen einrühren, bis sie gut vermischt und durcherhitzt sind. Mit Salz abschmecken und in Soßenbecher füllen.

Ananas-Soße

Gesamtzeit: 25 Minuten | **Portionen**: 4

Inhaltsstoffe

3 Esslöffel Maismehl mit ¼ Tasse Wasser vermischt
2 Tassen gehackte Ananas
3 Knoblauchzehen, gehackt
½ Tasse Ananassaft
½ Zitrone, geschält und gepresst
¼ Tasse weißer Essig
1 Tasse Ahornsirup
2 Teelöffel rote Chiliflocken
1 Teelöffel Salz

Wegbeschreibung

Ananas und Knoblauch in einen Mixer geben und verarbeiten, bis sie grob zerkleinert sind. In den inneren Topf geben und mit Ananassaft, Zitronenschale, Zitronensaft, weißem Essig, Ahornsirup, Chiliflocken, Salz und 1 Tasse Wasser auffüllen.

Verschließen Sie den Deckel, wählen Sie Schnellkochen auf Hoch und stellen Sie die Zeit auf 1 Minute ein. Nach dem Kochen 10 Minuten lang auf natürliche Weise abkühlen lassen. Den Deckel öffnen, den Modus Sauté wählen und die Maismehlmischung einrühren. 2 bis 3 Minuten kochen, bis die Soße eindickt. Den Instant Pot ausschalten und die Sauce in ein Glasgefäß umfüllen. Abdecken und im Kühlschrank aufbewahren. Bis zu einer Woche haltbar.

Cremige Zucchini-Soße

Gesamtzeit: 15 Minuten | **Portionen**: 4

Inhaltsstoffe

6 Esslöffel Olivenöl
2 Zucchini, in Bänder geschnitten
3 Knoblauchzehen, gehackt
2 rote Chilischoten, gehackt
3 Esslöffel gehacktes Basilikum
1 Tasse Hühnerbrühe
1 Zitrone, entsaftet
½ Tasse Schlagsahne
4 Esslöffel geriebener Parmesankäse

Wegbeschreibung

Den Instant Pot auf Sauté stellen, das Olivenöl erhitzen und die Zucchini anbraten, bis sie weich sind, 3 Minuten. Knoblauch unterrühren und 30 Sekunden lang kochen, bis er duftet. Chilischoten, Basilikum, Hühnerbrühe und Zitronensaft untermischen. Den Deckel verschließen, Druckgaren auf hoher Stufe wählen und die Zeit auf 5 Minuten einstellen. Nach dem Kochen den Druck kurz ablassen und den Deckel öffnen. Pürieren Sie die Zutaten mit einem Stabmixer, bis sie glatt sind. Wählen Sie den Sauté-Modus und rühren Sie die Sahne und den Parmesankäse ein, bis der Käse schmilzt. Die Sauce zum Servieren in Schüsseln geben.

Süß-saure Soße

Gesamtzeit: 15 Minuten | **Portionen**: 4

Inhaltsstoffe

1 ½ Esslöffel Olivenöl
3 Esslöffel Reisessig
1 Esslöffel helle Sojasauce
2 Esslöffel Kristallzucker
1 Esslöffel Ketchup
1 kleine weiße Zwiebel, geviertelt
1 kleine Karotte, gehackt
1 grüne Paprikaschote, gewürfelt
1 Knoblauchzehe, gehackt
1 Teelöffel Ingwerpaste
1 Tasse Ananasstückchen
1 Tasse Gemüsebrühe

Wegbeschreibung

In einer Schüssel Reisessig, Sojasauce, Zucker und Ketchup vermengen. Den Instant Pot auf Sauté stellen, Öl erhitzen und Zwiebel, Karotte und Paprika 5 Minuten lang anbraten, bis sie weich sind. Knoblauch und Ingwer 1 Minute lang unterrühren. Die Essigmischung, die Ananas und die Brühe einrühren. Den Deckel verschließen, Druckkochen wählen und auf 2 Minuten einstellen. Schnell den Druck ablassen. Servieren.

SÜßIGKEITEN & DESSERTS

Französischer Aprikosen-Cobbler

Gesamtzeit: 50 Minuten | **Portionen**: 4

Inhaltsstoffe

3 Esslöffel Butter, geschmolzen
4 Tassen in Scheiben geschnittene Aprikosen
½ Tasse + ¼ Tasse brauner Zucker
2 Esslöffel + ¾ Tasse glattes Mehl
½ Teelöffel Zimtpulver
¼ Teelöffel Muskatnusspulver
1 ½ Teelöffel Salz, geteilt
1 Teelöffel Vanilleextrakt
½ Teelöffel Backpulver
½ Teelöffel Backpulver

Wegbeschreibung

In einer hitzebeständigen 7-Zoll-Schüssel Aprikosen, ½ Tasse braunen Zucker, 2 EL Mehl, Zimt, Muskatnuss, ½ TL Salz, Vanille und ¼ Tasse Wasser mischen; beiseite stellen. In einer anderen Schüssel das restliche Mehl, Salz, braunen Zucker, Backpulver, Natron und Butter vermischen. Die Mischung mit einem Löffel über die Aprikosenmischung geben und verteilen.

1 Tasse Wasser in den Instant Pot gießen, einen Untersetzer einlegen und eine hitzebeständige Schüssel darauf stellen. Verschließen Sie den Deckel, wählen Sie Druckgaren auf hoher Stufe und stellen Sie 25 Minuten ein. Nach dem Garen 10 Minuten lang auf natürliche Weise abkühlen lassen. Schüssel herausnehmen und servieren.

Geschmolzener Brownie-Pudding

Gesamtzeit: 45 Minuten | **Portionen**: 6

Inhaltsstoffe

7 Esslöffel Butter, geschmolzen
1 Tasse Streuzucker
2 Eier, aufgeschlagen in eine Schüssel
¼ Tasse glattes Mehl
¼ Tasse Kakaopulver
1 Teelöffel Vanilleextrakt
¼ Tasse Schokoladenchips
¼ Tasse Milchschokoladenstückchen
Vanilleeis zum Servieren

Wegbeschreibung

1 Tasse Wasser einfüllen und in einen Untersetzer mit Schlingen einpassen. Das Innere einer 7-Zoll-Backform mit 1 Esslöffel Butter einfetten; beiseite stellen. Zucker und Eier in einer Schüssel mit einem elektrischen Handrührgerät verquirlen. In einer anderen Schüssel Mehl und Kakaopulver vermischen. Zu den feuchten Zutaten geben und verrühren, bis alles gut vermischt ist. Die restliche Butter und die Vanille hinzugeben und verrühren.

Die Mischung in eine Auflaufform gießen und mit den beiden Schokoladensorten bestreuen. Auf den Untersetzer stellen. Den Deckel verschließen, auf Schnellkochen auf hoher Stufe und 30 Minuten einstellen. Nach dem Garen den Druck kurz ablassen und den Deckel abnehmen. Nehmen Sie die Auflaufform vorsichtig heraus und füllen Sie den Fondant in Dessertschalen. Mit Vanilleeis garnieren und servieren.

Schokoladen-Creme de Pot

Gesamtzeit: 30 Minuten + Kühlzeit | **Portionen**: 6

Inhaltsstoffe

¼ Tasse Zartbitterschokolade, geschmolzen
½ Tasse Vollmilch
1 ½ Tassen Sahne
5 große Eigelb
¼ Tasse Streuzucker
Eine Prise Salz
Schlagsahne für das Topping
1 Esslöffel Schokostreusel

Wegbeschreibung

Den Instant Pot auf Sauté stellen, Milch und Sahne einrühren und aufkochen lassen. In einer Schüssel Eigelb, Zucker und Salz verquirlen, bis sie gut vermischt sind. Nach und nach die Eimischung unter die Sahne rühren, bis sie gut vermischt ist. Die geschmolzene Schokolade einrühren und 2 bis 3 Minuten kochen, bis die Masse eindickt. Die Mischung in 6 Puddingförmchen füllen und den inneren Topf reinigen.

Gießen Sie 1 Tasse Wasser in Ihren Instant Pot, legen Sie einen Untersetzer mit Schlingen hinein und stellen Sie 3 Tassen darauf. Die anderen Tassen auf die sich berührenden Ränder der anderen Tassen stellen. Den Deckel verschließen, auf Druckgaren auf hoher Stufe und auf 6 Minuten einstellen.

Nach dem Backen 10 Minuten lang auf natürliche Weise abkühlen lassen. Die Tassen zum Abkühlen auf eine ebene Fläche stellen. Weitere 6 Stunden im Kühlschrank kühlen. Vor dem Servieren aus dem Kühlschrank nehmen, die Oberseite mit Schlagsahne bestreichen und mit Schokoladenstreuseln dekorieren.

Affenbrot mit Pekannüssen

Gesamtzeit: 50 Minuten + Aufgehen über Nacht | **Portionen**: 6

Zutaten

½ Tasse Butter, geschmolzen
16 tiefgekühlte, ungebackene Brötchen, aufgetaut
¼ Tasse hellbrauner Zucker
1 ½ Zimtpulver
¼ Tasse geröstete Pekannüsse, gehackt
½ Tasse Puderzucker
2 Teelöffel Vollmilch

Wegbeschreibung

Eine Gugelhupfform mit Kochspray einfetten und beiseite stellen. Jedes Brötchen in die Hälfte teilen. Beiseite stellen. In einer flachen Schüssel Zucker, Zimt und Pekannüsse mischen. Die Brötchen mit der Zuckermischung und der Butter bestreichen und dann in die Auflaufform legen, wobei darauf zu achten ist, dass Schichten gebildet werden. Die Form mit Folie abdecken und über Nacht auf der Arbeitsfläche gehen lassen.

Am nächsten Morgen 1 Tasse Wasser in den Instant Pot gießen, einen Untersetzer einlegen und die Gugelhupfform aufsetzen. Verschließen Sie den Deckel, wählen Sie Druckgaren auf hoher Stufe und stellen Sie die Zeit auf 25 Minuten ein. Nach dem Garen 10 Minuten lang auf natürliche Weise abkühlen lassen.

Den Deckel entriegeln, die Pfanne herausnehmen, die Folie entfernen und vollständig abkühlen lassen. In einer Schüssel den Zucker mit der Milch verquirlen, bis er glatt ist. Das Brot auf eine Servierplatte stürzen und mit der Zuckerglasur beträufeln. In Scheiben schneiden und servieren.

Mamas Zitronenpudding

Gesamtzeit: 15 Minuten + Kühlzeit | **Portionen**: 4

Inhaltsstoffe

1 Esslöffel Butter, geschmolzen
2 Zitronen, geschält
¼ Tasse Zitronensaft
2 ½ Tassen Vollmilch
¼ Tasse Speisestärke
¼ Teelöffel Salz
1 Tasse Kristallzucker
2 Eier
2 Eigelb

Wegbeschreibung

Milch, Zitronenschale, Speisestärke, Salz und Zucker in einem Topf verrühren. Bei mittlerer Hitze auf dem Herd zum Kochen bringen, 2 Minuten. Den Herd ausschalten.

In einer mittelgroßen Schüssel Eier und Eigelb verquirlen. Langsam die Milchmischung einrühren, bis alles gut vermischt ist. Die Butter und den Zitronensaft unterrühren. Die Mischung in 4 mittelgroße Auflaufformen füllen und mit Folie abdecken.

Gießen Sie 1 Tasse Wasser in den Instant Pot, legen Sie einen Untersetzer hinein und stellen Sie Auflaufformen darauf. Verschließen Sie den Deckel, wählen Sie Druckgaren auf hoher Stufe und stellen Sie die Kochzeit auf 5 Minuten ein.

Nach dem Kochen den Druck schnell ablassen. Den Deckel abnehmen, die Auflaufform auf eine flache Unterlage stellen, die Folie entfernen und vollständig abkühlen lassen. Vor dem Servieren im Kühlschrank abkühlen lassen.

Original Crema Catalana

Gesamtzeit: 40 Minuten + Kühlzeit | **Portionen**: 2

Inhaltsstoffe

2 Eigelb, Raumtemperatur
3 Teelöffel Zucker
1 Tasse Milch
1 Zimtstange
1 Streifen Zitronenschale
½ Esslöffel Speisestärke
1 EL Feinstzucker zum Bestreuen
1 Tasse Wasser

Wegbeschreibung

Erhitzen Sie die Milch, den Zimt und die Zitronenschale in Ihrem Instant Pot auf Sauté. Wenn alles erhitzt ist, in eine Schüssel geben und etwa 30 Minuten ziehen lassen. Entfernen Sie dann den Zimt und die Zitronenschale.

In einer Schüssel die Eier mit dem Zucker und der Speisestärke schlagen, bis sich der Zucker auflöst. Die Eimischung langsam in die Milch geben und vorsichtig rühren, bis alles gut vermischt ist. Die Mischung auf Auflaufformen verteilen und mit Folie abdecken.

Gießen Sie Wasser in den Instant Pot und setzen Sie einen Untersetzer ein. Die Auflaufformen auf den Untersetzer stellen. Schließen Sie den Deckel, wählen Sie Dämpfen und stellen Sie die Garzeit auf 20 Minuten ein.

Wenn sie fertig sind, 10 Minuten lang auf natürliche Weise abkühlen lassen. Die Folie entfernen. 30 Minuten lang abkühlen lassen, dann 30 Minuten lang in den Kühlschrank stellen. Die Auflaufformen mit Zucker bestreuen und unter den Grill stellen, bis der Zucker karamellisiert ist. Servieren.

Landbeerenpudding

Gesamtzeit: 35 Minuten + Kühlzeit | **Portionen**: 4

Inhaltsstoffe

1 ½ Tassen Erdbeeren und Himbeeren, püriert
1 Teelöffel geschmolzene Butter
3 Esslöffel Butter, erweicht
½ Tasse Streuzucker
½ Tasse glattes Mehl
Eine Prise Salz
1 Tasse Milch
1 Zitrone, geschält und entsaften
2 Eier, verquirlt

Wegbeschreibung

4 mittelgroße Auflaufformen mit geschmolzener Butter einfetten und beiseite stellen. Die weiche Butter in eine mittelgroße Schüssel geben und mit einem elektrischen Handrührgerät cremig aufschlagen. Zucker, Mehl und Salz hinzufügen und weiterschlagen, bis die Masse glatt ist. Milch, Zitronenschale und Zitronensaft einrühren, bis alles gut vermischt ist. Unter ständigem Schlagen nach und nach die Eier hinzufügen, bis alles gut vermischt ist.

Die Beeren unterheben, die Mischung in Förmchen verteilen und mit Folie abdecken. 1 Tasse Wasser in den Instant Pot gießen, einen Untersetzer einsetzen und die Förmchen darauf stellen.

Verschließen Sie den Deckel, wählen Sie Druckgaren auf Hoch und stellen Sie 20 Minuten ein. Nach dem Kochen den Druck kurz ablassen und den Deckel öffnen. Vorsichtig aus den Förmchen nehmen, abkühlen lassen und 4 Stunden lang in den Kühlschrank stellen. Servieren.

Morgen-Bananenpudding

Gesamtzeit: 20 Minuten + Kühlzeit | **Portionen**: 4

Inhaltsstoffe

2 Esslöffel kalte Butter, in 4 Stücke geschnitten
1 Tasse Vollmilch
2 Tassen halb und halb
¾ Tasse + 1 Esslöffel Zucker
4 Eigelb
3 Esslöffel Speisestärke
1 Teelöffel Vanilleextrakt
2 mittelgroße Bananen, in Scheiben geschnitten
1 Becher Schlagsahne

Wegbeschreibung

Stellen Sie Ihren Instant Pot auf Sauté. Milch, Halbfettmilch und ½ Tasse Zucker einrühren. Unter gelegentlichem Rühren erhitzen, bis sich der Zucker auflöst (3 Minuten).

Eigelb in einer Schüssel schlagen und ¼ Tasse Zucker hinzufügen. Verquirlen, bis sie sich verbinden. Speisestärke hinzufügen und gut verrühren. ½ Tasse der Milchmischung in die Eimischung geben und erneut verquirlen, bis alles glatt ist. Die Mischung in den inneren Topf gießen. Den Deckel verschließen, Schnellkochstufe wählen und 2 Minuten lang kochen.

Nach dem Garen kurz loslassen und den Deckel öffnen. Abbrechen und Butter und Vanille einrühren, bis die Butter schmilzt. Bananenstücke in 4 Dessertschalen verteilen und mit Pudding bedecken.

In einer Schüssel die Sahne mit dem restlichen Zucker verquirlen; die Mischung über den Pudding löffeln. Für 1 Stunde in den Kühlschrank stellen.

Mascarpone-Torte mit Beeren

Gesamtzeit: 65 Minuten | **Portionen:** 8

Inhaltsstoffe

1 Tasse Butter, erweicht
1 großes Ei
16 Unzen Mascarpone-Käse
2 Tassen Mehl
2 Teelöffel Backpulver
1 Teelöffel Salz
¾ Tasse Zucker
¾ Tasse Milch
3 Tassen frische Beeren

Wegbeschreibung

In einer Schüssel den Mascarpone-Käse, das Mehl, das Backpulver und das Salz vermischen. In einer anderen Schüssel die Butter, den Zucker und das Ei mit einem elektrischen Mixer cremig schlagen. Zu der Mehlmischung geben und die Milch und die Beeren unterrühren.

In eine gefettete Backform geben und mit Folie abdecken. 1 Tasse Wasser in den Instant Pot gießen und einen Untersetzer mit Schlingen einlegen.

Die Pfanne auf den Untersetzer stellen. Den Deckel verschließen, Manuell/Druckgaren auf hoher Stufe wählen und die Zeit auf 35 Minuten einstellen.

Nach dem Garen 10 Minuten lang einen natürlichen Druckablass durchführen, dann einen schnellen Druckablass, um den restlichen Dampf abzulassen. Die Alufolie entfernen und vor dem Aufschneiden und Servieren 10 Minuten abkühlen lassen.

Zimtkugeln aus Weizenmehl

Gesamtzeit: 40 Minuten | **Portionen**: 8

Inhaltsstoffe

2 Esslöffel kalte Butter, gewürfelt
¼ Tasse Vollkornmehl
½ Tasse Allzweckmehl
½ Teelöffel Backpulver
3 Esslöffel Zucker, geteilt
¼ Teelöffel + ½ Teelöffel Zimt
¼ Teelöffel Meersalz
1/3 Tasse Vollmilch

Wegbeschreibung

Weizenvollkornmehl, Allzweckmehl, Backpulver, 1 EL Zucker, ¼ TL Zimt und Salz in einer mittelgroßen Schüssel mischen. Die Butter hinzugeben und mit einem Teigschneider in kleine Stücke schneiden, bis sie Maismehl ähnelt. Die Milch hinzugeben und mischen, bis sich der Teig zu einer Kugel formt.

Den Teig auf einer ebenen Fläche kneten. Den Teig in 8 Stücke teilen und jedes Stück zu einer Kugel rollen. Die Kugeln in eine gefettete Backform legen, mit etwas Abstand zwischen den Kugeln, und die Kugeln einölen. Gießen Sie 1 Tasse Wasser in den inneren Topf.

Einen Untersetzer einlegen und den Topf aufsetzen. Verschließen Sie den Deckel, wählen Sie Druckgaren auf hoher Stufe und stellen Sie die Zeit auf 20 Minuten ein. Nach dem Kochen 5 Minuten lang einen natürlichen Druckablass durchführen.

In einer Rührschüssel den restlichen Zucker und Zimt vermischen. Die Teigkugeln zum Servieren in die Zimt-Zucker-Mischung tauchen.

Spanische Churro-Häppchen

Gesamtzeit: 30 Minuten | **Portionen**: 4

Inhaltsstoffe

1 (21 oz) Schachtel Zimtstreuselkuchen und Muffinmischung
1 Päckchen brauner Zucker (in der Packung der Backmischung enthalten)
1 Teelöffel Zimtpulver
2 Eier
1 Becher Schlagsahne
4 Esslöffel brauner Zucker
1 Esslöffel Kristallzucker

Wegbeschreibung

In einer mittelgroßen Schüssel die Muffinmischung, den braunen Zucker, ½ Teelöffel Zimtpulver, die Eier und die Sahne verquirlen, bis alles gut vermischt ist. Ein Silikon-Eiermuffinblech leicht mit Kochspray einfetten und die Zimtmischung bis zu zwei Dritteln einfüllen. Das Muffinblech mit Folie abdecken.

Gießen Sie 1 Tasse Wasser in Ihren Instant Pot, legen Sie einen Untersetzer hinein und stellen Sie die Eierbeißerschale darauf. Den Deckel verschließen, Druckgaren auf hoher Stufe wählen und die Garzeit auf 12 Minuten einstellen.

Nach dem Garen den Druck kurz ablassen, um den Dampf abzulassen, und den Deckel öffnen. Das Blech vorsichtig herausnehmen, die Folie abziehen, 5 Minuten abkühlen lassen und die Desserthappen herausnehmen.

Braunen Zucker auf einen Teller geben und die warmen Churro-Happen darin wälzen. Auf einem anderen Teller das restliche Zimtpulver mit Kristallzucker mischen und ein zweites Mal in Churro-Häppchen wälzen. Servieren.

Gemischter Beerencobler

Gesamtzeit: 35 Minuten | **Portionen**: 4

Inhaltsstoffe

2 Beutel gefrorene gemischte Beeren, aufgetaut
3 Esslöffel Pfeilwurzelstärke
1 Tasse Zucker
Topping
1 Esslöffel geschmolzene Butter
1 Tasse selbstmehlendes Mehl
¼ Teelöffel Zimtpulver
5 Esslöffel Puderzucker
1 Tasse Crème fraîche
1 Esslöffel Schlagsahne

Wegbeschreibung

Die gemischten Beeren zusammen mit der Pfeilwurzelstärke und dem Zucker in den Instant Pot geben. Vermengen Sie sie. Sauté wählen und 3 Minuten lang kochen. In einer kleinen Schüssel das Mehl, das Zimtpulver und den Zucker verquirlen. In einer anderen Schüssel die Crème fraîche mit der geschmolzenen Butter verquirlen. Die Sahnemischung über die trockenen Zutaten gießen und gleichmäßig vermengen.

Den Teig auf den Beeren verteilen. Den Belag mit der Schlagsahne bestreichen. Den Deckel verschließen, Schnellkochtaste auf "Hoch" stellen und auf 10 Minuten einstellen. Nach der Zubereitung 10 Minuten lang auf natürliche Weise abkühlen lassen; vor dem Aufschneiden abkühlen lassen. Warm servieren.

Apfelkuchen nach deutscher Art

Gesamtzeit: 65 Minuten | **Portionen**: 8

Inhaltsstoffe

1 Schachtel (2 Krusten) gekühlte Kuchenkrusten
2 Äpfel, gewürfelt
3 Esslöffel Zucker
1 Zitrone, entsaftet
1 Teelöffel Vanilleextrakt
1 Teelöffel Speisestärke

Wegbeschreibung

Äpfel, Zucker, Zitronensaft und Vanille in einer Rührschüssel vermengen. Die Mischung 10 Minuten lang stehen lassen, dann abgießen und 1 EL der Flüssigkeit aufbewahren. In einer anderen Schüssel die Speisestärke mit der reservierten Flüssigkeit verquirlen und mit der Apfelmischung vermischen. Die Teigplatten auf eine leicht bemehlte Fläche legen und in 8 Kreise schneiden. Einen Esslöffel der Apfelmischung in die Mitte des Kreises geben. Die Ränder mit etwas Wasser bepinseln und den Teig über die Füllung klappen.

Die Ränder mit einer Gabel eindrücken, um sie zu verschließen. In die Oberseite jedes Kuchens 3 kleine Schlitze schneiden und mit Kochspray einfetten. Die Kuchen in einer einzigen Schicht in einer gefetteten Backform anordnen. 1 Tasse Wasser in den inneren Topf gießen. Legen Sie einen Untersetzer ein und stellen Sie die Pfanne darauf. Verschließen Sie den Deckel, wählen Sie Manuell/Druckgaren auf Hoch und stellen Sie die Garzeit auf 30 Minuten ein. Nach dem Kochen 10 Minuten lang einen natürlichen Druckablass durchführen, dann einen schnellen Druckablass und den Deckel öffnen. Servieren.

Milton Keynes UK
Ingram Content Group UK Ltd.
UKHW052220110124
435898UK00007B/191

9 781804 141571